BUCEANDO EN
LA PALABRA

BUCEANDO EN LA PALABRA:

EL JESÚS DE MATEO, ¿NOS PRUEBA DIOS?
Y JUEGOS BÍBLICOS.

Manuel Rodríguez Espejo, escolapio

Número de Control de la Biblioteca del Congreso de EE. UU.:   2015917850
ISBN: Tapa Blanda   978-1-5065-0960-0
                    Libro Electrónico   978-1-5065-0961-7

El texto Bíblico ha sido tomado de la version, Biblia de Jerusalén 1975, Editorial Desclée De Brouwer, Bilbao, España.

Información de la imprenta disponible en la última página.

Fecha de revisión: 30/10/2015

Para realizar pedidos de este libro, contacte con:
Palibrio
1663 Liberty Drive
Suite 200
Bloomington, IN 47403
Gratis desde EE. UU. al 877.407.5847
Gratis desde México al 01.800.288.2243
Gratis desde España al 900.866.949
Desde otro país al +1.812.671.9757
Fax: 01.812.355.1576
ventas@palibrio.com
727901

ÍNDICE

PARTE III
JUEGOS BÍBLICOS

PRÓLOGO

¿Qué he pretendido con estas páginas divididas en tres partes?: animar a los posibles lectores a disfrutar con la Palabra de Dios.

Ofrezco sustancialmente dos temas para bucear en la Palabra: lo que dice el evangelista Mateo de la vida y enseñanza de Jesús, y lo que la Escritura aporta sobre "las pruebas": ¿nos prueba Dios? ¿Le probamos nosotros a Él? Presento en la tercera parte unos posibles juegos bíblicos, para que los poco introducidos se animen a bucear en la Biblia.

Remarco la realidad humana de Jesús, porque pienso que algunos cristianos se la saltan, siendo así que la razón de hacerse hombre –"en todo igual a nosotros, menos en el pecado"-- es justamente que aprendamos con su ejemplo a ser hombres-hijos de Dios.

Si no tomamos a Cristo como modelo, con todas las consecuencias que esto comporta, porque pensamos –consciente o inconscientemente-- que su divinidad no le permitió ser un hombre exactamente igual que nosotros, vaciamos el objetivo que Dios tuvo en la encarnación.

Al enfermo le gusta que el médico no le hable a distancia; que lo ausculte y lo palpe si es preciso. En la cultura antigua, el hombre santo y el curandero ejercían su poder mediante el contacto físico. En el evangelio de Lucas se dice que *«toda la gente intentaba tocarlo, porque salía de él una fuerza que curaba a todos»* (Lc 6,19). En efecto, Jesús cura a la suegra de Pedro tomándola de la mano; imponiendo las manos cura a diversos enfermos (Mc 6,5; Lc 4,40), a un sordomudo (Mc 7,32), a un ciego (Mc 8,23.25), a la mujer tullida (Lc 13,13); y a los discípulos les concede el poder de curar enfermos imponiendo las manos (Mc 16,18); poniendo barro en los ojos del ciego de nacimiento le devuelve la vista (Jn 9,15), etc., etc.

Si miramos estas citas, encontramos que cuatro son de Marcos, tres de Lucas y sólo una de Juan. ¿Es que a Juan y Mateo no les entusiasmaba el procedimiento?, ¿es que querían evitar que los lectores u oyentes confundieran el poder de Jesús con la magia? ¿Tú, lector/a, qué piensas?

No hace falta decir que mis interpretaciones o insinuaciones no son "dogma" y que lo pretendido con ellas es <u>que los lectores os animéis a hacer las vuestras personales</u>. Tenemos experiencia de que cualquier trozo de la Palabra de Dios ni dice lo mismo a todos quienes lo escuchamos o leemos, ni siquiera nos dice igual cada vez que leemos o escuchamos el mismo fragmento, sino que nos sorprende con sentidos nuevos. Es frecuente oír: "he leído este texto muchas veces y hoy le he encontrado otra interpretación (un nuevo sentido), en la que no había caído antes.

Manuel Rodríguez Espejo, escolapio
Santuario San José de Calasanz – Peralta de la Sal (Huesca) – Padres Escolapios

PARTE I

RETRATO DE JESÚS DESDE MATEO

Antes de iniciar mi interpretación del Evangelio de Mateo, que será desde la óptica "de qué me dice a mí cada fragmento para mi vida de cristiano", quiero presentar unos párrafos **de la Encíclica de Francisco: LAUDATO SI**, y otros de José Antonio Pagola sobre las personas divinas en el seno de la Trinidad:

A) Papa Francisco en "Laudato Si"

"Es importante leer los textos bíblicos en su contexto, con una hermenéutica adecuada, y recordar que nos invitan a «labrar y cuidar» el jardín del mundo (cf. Gn 2, 15). Mientras «labrar» significa cultivar, arar o trabajar, «cuidar» significa proteger, custodiar, preservar, guardar, vigilar. Esto implica una relación de reciprocidad responsable entre el ser humano y la naturaleza".

(nº 57) "Esta contemplación de lo creado nos permite descubrir a través de cada cosa alguna enseñanza que Dios nos quiere transmitir, porque «para el creyente contemplar lo creado es también escuchar un mensaje, oír una voz paradójica y silenciosa».

(nº 58) "Podemos decir que, «junto a la Revelación propiamente dicha, contenida en la sagrada Escritura, se da una manifestación divina cuando brilla el sol y cuando cae la noche».

(nº 59) "Prestando atención a esa manifestación, el ser humano aprende a reconocerse a sí mismo en la relación con las demás criaturas: «… yo exploro mi propia sacralidad al intentar descifrar la del mundo».

(nº 85) "… En cada criatura habita su Espíritu vivificante que nos llama a una relación con él… Pero cuando decimos esto, no olvidamos que también existe una distancia infinita, que las cosas de este mundo no poseen la plenitud de Dios".

(nº 97) "Cuando recorría cada rincón de su tierra se detenía a contemplar la hermosura sembrada por su Padre, e invitaba a sus discípulos a reconocer en las cosas un mensaje divino: «Levantad los ojos y mirad los campos, que ya están listos para la cosecha» (Jn 4, 35). «El reino de los cielos es como una semilla de mostaza…" (Mt 13, 31-32).

(nº 98). "Jesús vivía en armonía plena con la creación, y los demás se asombraban: «¿Quién es éste, que hasta el viento y el mar le obedecen?» (Mt 8, 27). No aparecía como un asceta separado del mundo o enemigo de las cosas agradables de la vida…"

De hecho, en el pasaje de Mc 4,35-41 desde antiguo se valoró el aspecto simbólico del relato: la nave de la iglesia, sometida a todo tipo de tormenta, era salvada por Jesús. Un aspecto que también podemos valorar a nivel individual. Dice al lector dos cosas:

1ª) el poder de Jesús es semejante al que se atribuye a Dios en el Antiguo Testamento; poder para dominar el mar y poder para salvar.

2ª) Al escuchar la lectura, el cristiano debe reconocer que sus miedos son muchos y su fe poca. **Conocer a Jesús no es saberse de memoria unas fórmulas de antiguos concilios. El evangelio debe sorprendernos día a día y hacer que nos preguntemos quién es Jesús**, cómo actúa, para imitarlo, que esta fue la razón de rebajarse hasta tomar naturaleza humana.

B) José Antonio Pagola, hablando "sobre las personas divinas en el seno de la Trinidad", afirma que "para Jesús, Dios es una experiencia: se siente Hijo querido de un Padre bueno que se está introduciendo en el mundo para humanizar la vida con su Espíritu. Dios no es un Padre sin más. Jesús descubre en ese Padre unos rasgos que no siempre recuerdan los teólogos. En su corazón ocupan un lugar privilegiado los más pequeños e indefensos, los olvidados por la sociedad y las religiones: los que nada bueno pueden esperar ya de la vida.

Este Padre no es propiedad de los buenos. *«Hace salir su sol sobre buenos y malos».* A todos bendice, a todos ama. Para todos busca una vida más digna y dichosa. Por eso se ocupa de manera especial por quienes viven «perdidos». A nadie olvida, a nadie abandona. Nadie camina por la vida sin su protección.

Tampoco Jesús es el Hijo de Dios sin más. Es Hijo querido de ese Padre, pero, al mismo tiempo, <u>nuestro amigo y hermano</u>. Es el gran regalo de Dios a la humanidad. Siguiendo sus pasos, nos atrevemos a vivir con confianza plena en Dios. <u>Imitando su vida</u>, aprendemos a ser compasivos como el Padre del cielo. Unidos a él, trabajamos por construir ese mundo más justo y humano que quiere Dios.

Por último, desde Jesús experimentamos que el Espíritu Santo no es algo irreal e ilusorio. Es sencillamente el amor de Dios que está en nosotros y entre nosotros alentando siempre nuestra vida, atrayéndonos siempre hacia el bien. Ese Espíritu nos está invitando a vivir como Jesús que, «ungido» por su fuerza, pasó toda su vida haciendo el bien y luchando contra el mal". (EcleSALia Informativo autoriza y recomienda la difusión de sus artículos, indicando su procedencia).

Sobre el Evangelio de San Mateo y su autor:

La Tradición católica afirma que el primer Evangelio escrito es el de S. Mateo. Está escrito para los cristianos de Palestina de origen judío, en hebreo, si bien la copia que se conserva es en griego. El 2°, el de S. Marcos, discípulo de S. Pedro, por eso aparece tantas veces el Jefe de la Iglesia. Y el 3°, el de S. Lucas, médico y discípulo de S. Pablo, además de autor de los Hechos de los Apóstoles…

Al Evangelio de Mateo le han llamado algunos autores "**el Evangelio de los discursos del Señor**". Se trata de **cinco** grandes discursos: 1) el de la Montaña o Bienaventuranzas. 2) el de la Misión. 3) el de las parábolas. 4) el eclesiástico. 5) el escatológico. Hay también quien le llama **"el Evangelio del cumplimiento"**, porque, destinado a los judíos, era muy importante señalar el cumplimiento de los anuncios y promesas del A.T., que se cumplen en Jesús. Podríamos también señalar otros dos nombres: **"El Evangelio del rechazo del Mesías"**, especialmente por las autoridades del pueblo judío; y **"El Evangelio del Reino"**, por el empleo de la expresión "el Reino", hasta 51 veces, mientras en Lucas son 39 y en Marcos 14.

Los autores de *"Sagrada Biblia. Santos Evangelios"* llegan a escribir sobre sus **'características literarias'** que sus frases son tal vez las más fáciles de retener en la memoria, y las que con más espontaneidad nos vienen a los labios, para concluir que "bajo este aspecto, puede decirse que el Evangelio de San Mateo es el primer libro de catequesis cristiana" (pág. 117).

¿Qué significa "la inspiración de las Escrituras"?:

Que los autores fueron 'inspirados' por Dios–Espíritu Santo, lo que comporta creer que los escritores no enseñaron nada falso acerca de la vida y predicación de Cristo, ni omitieron nada importante. Pero esto no comporta que debamos entender al pie de la letra todas las afirmaciones de la Biblia, porque evidentemente son expresiones "humanas", escritas por "humanos", sobre un Ser superior. De ahí la necesidad de discernir a la luz del Espíritu Santo, del cual dijo Jesús que sería quien nos enseñaría todo.

La obra *"Sagrada Biblia-Santos Evangelios"*, de la Facultad de Teología de la Universidad de Navarra, 1983, lo expresa así: "Los Evangelistas pusieron todas sus facultades al servicio de su obra, con la que intentaban fortalecer en la fe (a sus lectores) y ayudarles a orientar sus vidas según la voluntad de Cristo... Reúnen todo el material oral o escrito que les es posible, y cada uno lo ordena para conseguir aquello que se había propuesto... De acuerdo con sus cualidades personales y las necesidades de sus lectores, acentuaron más unos u otros rasgos de la enseñanza y de la vida del

Señor…". En palabras más familiares: tengamos en cuenta siempre que ni los Evangelios ni el resto del N.T. y muy especialmente todo el A.T. son un vídeo de Dios Padre ni de Jesús.

Los Evangelios sinópticos:

Tienen muchas coincidencias, algunas al pie de la letra; pero también ciertas diferencias, que resultan raras. Los tres tienen en común unos 350 versículos. Mateo y Lucas coinciden en unos 230 versículos. Mateo y Marcos cerca de 180, mientras que Marcos y Lucas no pasan de unos 50.

Disposiciones para que los Evangelios nos aprovechen:

Vayamos a ellos para que nos ayuden a imitar lo que en ellos se nos dice: En una Homilía sobre S. Mateo se dice: "Estamos a punto de entrar en el corazón de Dios. *Abramos las puertas de nuestro ser, abramos nuestros oídos, y puesto que estamos a punto de atravesar con gran reverencia sus umbrales, adoremos (imitemos) al Rey que en ella impera*"

QUÉ SABEMOS DE MATEO:

Es uno de los Doce, el cobrador de impuestos, llamado por Jesús, bien acomodado a juzgar por el banquete que da al ser invitado por el Señor a seguirle. Sabemos que era llamado también Leví / Leví el de Alfeo. Con la Tradición conocemos que vivió en Palestina y posteriormente evangelizó en Avisinia y Persia principalmente, pero ignoramos la fecha y el lugar donde fue martirizado.

El Evangelio de S. Mateo:

Se piensa que lo escribió sobre el año 50. No han llegado hasta nosotros los textos arameo o hebreo, sí el texto griego, que es el que se conserva, y, por tanto el canónico. Éste aparecería sobre el año 70.

El objetivo de los cuatro evangelistas:

Es que, como dice Juan -en 20,30-31- creamos que Jesús es el Cristo, el Hijo de Dios, *y para que creyendo tengamos vida (vivamos su) en su nombre.* El Reino, anunciado en el A.T. ha venido ya y se hace visible en Jesús y el pueblo mesiánico por él fundado.

EL CONTENIDO DEL EVANGELIO DE MATEO:

Lo vamos a ver a través de los subtítulos que la edición "San Pablo 2002, Madrid" aporta. También nos ofrece referencias a los otros tres evangelios y en algún caso a los Hechos de los Apóstoles.

Al tiempo que recuerdo que los subtítulo son responsabilidad de cada editor, ofrezco, como curiosidad, los de la <u>edición de la Facultad de Teología de la Universidad de Navarra</u>, para que podamos compararlos con los de la Editorial San Pablo:

1. Primera Parte (caps. 1-13):
    1.1. Nacimiento e infancia de Jesús (caps. 1-2)
    1.2. Preparación inmediata de Jesús a su ministerio (3-4,11)
    1.3. Ministerio mesiánico de Jesús en Galilea (4,12 – 9,38)
        a) Comienzos del mensaje salvífico… (2,12-25)
        b) Jesús supremo Maestro, Legislador y Profeta: Disc. de la Montaña (caps. 5-7)
        c) Jesús hace milagros (caps. 8-9)
    1.4. Del antiguo al nuevo Pueblo de Dios: envío 1° de los discípulos (caps. 10-12)
    1.5. Parábolas del Reino de los Cielos (cap. 13)

2. Segunda Parte (caps. 14-28)
    2.1. Jesús se retira a las regiones limítrofes con Israel (caps 14-16)
    2.2. Hacia Judea y Jerusalén (caps. 17-20)
        a) Transfiguración de Jesús y nuevas enseñanzas (cap. 17)
        b) Discurso "eclesiástico" (cap. 18)

     c)   Diversas enseñanzas: matrimonio, virginidad, pobreza, humildad, etc (cap. 19); parábola de los Obreros a la viña; anuncio 3° de su pasión (cap. 20)

2.3. Ministerio de Jesús en Jerusalén (caps. 21-25)
     a)   Entrada mesiánica en la Ciudad Santa y el Templo (21,1-17)…
     b)   Controversia con los fariseos (22,15-46)
     c)   'Ayes' de Jesús contra fariseos y escribas (23,13-36)
     d)   Profecías acerca de la destrucción de Jerusalén, discurso escatológico (caps. 24-25)

2.4. Pasión y Muerte del Salvador (caps. 26-27)
     a)   Unción en Betania (26,6-13)
     b)   Muerte en la cruz (27,45-56)
     c)   Sepultura (27,57-61)

2.5. Resurrección (cap. 28)
     a)   sepulcro vacío (28,1-8.11-15)
     b)   apariciones a las mujeres (28,9-10)
     c)   apariciones a los Apóstoles (28,16-17)
     d)   Jesucristo glorificado (28,18)
     e)   Mandato a sus discípulos (28,19-20)

Y los subtítulos del *"NUEVO TESTAMENTO. Letra grande"*, edición de 'San Pablo' 2002, con la aprobación de la Conferencia Episcopal Española (11 febrero 1988) son los que me han servido de guía para el trabajo, con leves diferencias, que me he permitido. Entre paréntesis van las 'concordancias' de cada escena de Mateo con los otros evangelistas:

I. PRESENTACIÓN DE JESÚS, EL MESÍAS. INFANCIA DE JESÚS

Ascendientes de Jesús: (Mt 1,1-17); (Lc 3, 23-28)
Nacimiento de Jesús, Dios con nosotros (Mt 1,18-25) (Lc 2, 1-21):
Los sabios de Oriente: Jesús, luz de los pueblos (Mt 2,1-12)
Huida a Egipto: Jesús, el inocente perseguido (Mt 2,13-23)

PREPARACIÓN PARA LA MISIÓN: (Mt del 3,1 al 4,11)

Juan, heraldo de conversión (Mt 3,1-12)
Bautismo de Jesús, el Hijo amado (Mt 3,13-17) (Lc 3,21-22)
Las tentaciones de Jesús (Mt 4,1-11) (Mc 1, 12-13) (Lc 4, 1-13)
Vuelta a Galilea: de Nazaret a Cafarnaún (Mt 4,12-16) (Mc 1,14-15)
　(Lc 4,14-15)

II. INVITACIÓN A ISRAEL.

ANUNCIO DEL REINO CON OBRAS Y PALABRAS
Los primeros discípulos (Mt 4,18-22) (Mc 1, 16-20) (Lc 5,1-11)
Actividad de Jesús (Mt 4,23-25) (Mc 1,38-39 y 3,7-10)

EL SERMÓN DEL MONTE (Mt 5,1 a 7,29)

Bienaventuranzas (Mt 5,1-12)
Núcleo de la Buena Noticia (Mt 5,13 a 7,27):
Dichoso aquel que pone sabor y luz en la vida (Mt 5,13-16) (Mc 9,50)
　(Lc 14,34-35)
Dichoso aquel que se entrega generosamente (Mt 5,17-20)
Dichoso aquel que sabe perdonar (Mt 5,21-30)
Dichoso aquel que habla con franqueza (Mt 5,33-37)
Dichoso aquel que devuelve bien por mal (Mt 5,38-42)
Dichoso aquel que crece en el amor (Mt 5,43-48) (Lc 11,2-4)
Dichoso aquel que ora y obra con sencillez (Mt 6,1-8) (Lc 11,2-4; 11,9-13)
　...porque habla a su Padre (Mt 6,9-15) (Lc 11,2-4)
Dichoso aquel que huye de las apariencias (Mt 6,16-18)
Dichoso aquel que conoce la verdadera riqueza (Mt 6,19-23) (Lc 11,34-36)
Dichoso aquel que no se hace esclavo del dinero (Mt 6,24)
Dichoso aquel que busca las prioridades (Mt 6,25-34)
Dichoso aquel que evita juzgar (Mt 7,1-5) (Lc 6,37-42)
Dichoso aquel que no profana las cosas santas (Mt 7,6)
Dichoso aquel que sabe confiar (Mt 7,7-11) (Lc 11,9-13)
Regla de oro (Mt 7,12)
Dichoso aquel que aprende a discernir (Mt 7,13-20)
Dichoso aquel que cumple la voluntad de Dios (Mt 7,21-27)

Conclusión (Mt 7,28-29; 11,1; 13,53; 19,1; 26,1)= *Cuando acabó Jesús este discurso…*)

JESÚS SANA: EL REINO PRESENTE

Jesús cura a un leproso (Mt 8,1-4) (Mc 1,40-45) (Lc 5,12-16)
Jesús cura al criado del Centurión (Mt 8, 5-13) (Lc 7,1-10) (Jn 4,47-54)
Jesús cura a la suegra de Pedro (Mt 8,14-17) (Mc 1,29-31) (Lc 4,38-41)
Condiciones para seguir a Jesús (Mt 8,18-22; y 10, 36-39) (Lc 9,49-50.57-62)
La tempestad calmada (Mt 8,23-27) (4,37-41) (Lc 8,22-25)
Jesús cura a dos endemoniados (diálogo con los demonios) (Mt 8,28-34) (Mc 5,1-20) (Lc 8,26-39) Es interesante ver la longitud que dan los evangelistas a este diálogo.
Curación de un paralítico en una camilla: poder en la tierra para perdonar los pecados (Mt 9,1-8) (Mc 2,1-12) (Lc 5, 17-26)
La Llamada a Leví (Mateo), pecador público y comida en su casa (Mt 9,9-13)
La cuestión del ayuno (Mt 9,14-17) (Mc 2,18-22) (Lc 5,33-39)
Jesús resucita a la hija de Jairo, personaje importante; y la mujer que toca su manto (Mt 9,18-26) (Mc 5,21-43) (Lc 8,40-56)
Jesús cura a dos ciegos (Mt 9,27-29)
Jesús no quería publicidad ajena (Mt 9,30-31)
Jesús cura a un mudo endemoniado y surge la polémica sobre la fuente del poder de Jesús (Mt 9,32-34) (Lc 11,14-26)

ENVÍO DE LOS DISCÍPULOS: EL REINO ANUNCIADO

A Jesús le duele la gente cansada y abatida como ovejas sin pastor (Mt 9,36-38 y 14,14)
Elección-misión de los Apóstoles (Mt 10,1-15) (Mc 3,13-19 y 6,7-13 y 16,15) (Lc 6,12-16 y 9,1-6)
Instrucciones para la misión (Mt 10,1-8) (Mc 3,13-19)
Misión con persecución (Mt 10,16-23) (Mc 13, 9-13 y 16,15-18)
El discípulo no es más que su maestro (Mt 10,24-25) (Mc 13,9.13)

Confiad, no temáis; predicción de caída del templo y señales de la tribulación (Mt 10, 26-33) (Mc 13,1-13) (Lc 12,11-12 y 21,5-17)

Jesús, causa de división. Valiente y claro al hablar (Mt 10,34-39) (Lc 12,51-53 y 14,26-27)

Recompensa a quien lo recibe: quien me recibe a mí recibe al que me ha enviado (Mt 10,40-42) (Mc 9,37-41) (Lc 10,16)

Conclusión del 2º discurso (Mt 11,1: esta fórmula se repite en 7,28; 11,1; 13,53; 19,1; 26,1)

JESÚS ES RECHAZADO. EL REINO SUSCITA OPOSICIÓN. ACTITUDES

Los mensajeros de Juan Bautista (Mt 11,2-6) (Lc 7,18-23)

Jesús elogia a Juan Bautista (Mt 11,7-15) (Lc 7,24-35)

Jesús lamenta la terquedad de su pueblo (Mt 11,16-19)

Lamento sobre Corozaín, Betsaida y Cafarnaún (Mt 11,20-24) (Lc 10,13-15)

El Reino, revelado a los pequeños. Aprended de mí que soy sencillo y humilde de corazón (Mt 11,25-30) (Lc 10, 21-22)

La Ley al servicio de la persona (Mt 12,1-8) (Mc 2,23-28) (Lc 6,1-5)

La curación en sábado: ¿Está permitido hacer el bien en sábado? (Mt 12,9.14) (Mc 3,1-6) (Lc 6,6-11)

Jesús, siervo de Dios (Mt 12,15-21)

Controversia sobre el poder de Dios (Mt 12,22-37) (Mc 3,20-30) (Lc 11,14-23)

Le piden a Jesús un signo milagroso. Dará el de Jonás (Mt 12,38-42) (Mc 8,11-12) (Lc 11,29-32)

Retorno del espíritu inmundo (Mt 12,43-45)

La familia de Jesús: ¿Quién es mi madre y quiénes son mis hermanos? (Mt 12,46-50) (Mc 3,31-35) (Lc 8,19-21)

EL REINO CRECE

Jesús habla en parábolas (Mt 13,1-3) (Mc 4,1-2) (Lc 8,4)

Parábola del sembrador (Mt 13,3b-9) (Mc 4,3-9) (Lc 8,5-8)

Razón de las parábolas: porque escuchan y no oyen ni entienden (Mt 13,10-17 y 13,34-35) (Mc 4,10-12) (Lc 8,9-10) --¡Ojo con estos tres textos!—

Explicación de la parábola del sembrador (Mt 13,18-23) (Mc 4,13-20) (Lc 8,11-15)

Parábola de la cizaña (Mt 13, 24-30)

Explicación de la Parábola de la cizaña (Mt 13,36-43)

Parábolas del grano de mostaza y de la levadura (Mt 13,31-33)

Parábolas del tesoro y de la perla (Mt 13,44-46)

Parábola de la red: así será al fin del mundo (Mt 13,47-50)

EL REINO Y LA IGLESIA

Jesús, rechazado en Nazaret (Mt 13,54-58) (Mc 6,1-6) (Lc 4,16-30)

Opinión de Herodes sobre Jesús: es Juan Bautista que ha resucitado (Mt 14,1-2) (Mc 6,14-16)

Asesinato de Juan Bautista por Herodes (Mt 14,3-12) (Mc 6,14-29) (Lc 9,7-9a)

Primera multiplicación de los panes (Mt 14,13-21) (Mc 6,30-44) (Lc 9,10-17) (Jn 6,1-15)

Jesús camina sobre el agua; la ocurrencia de Pedro (Mt14,22-33) (Mc 6,47-53) (Jn 6,16-21)

Curaciones en Genesaret: tocar la orla de su manto (Mt 14,34-36) (Mc 6,53-56)

La Ley de Dios y las prescripciones fariseicas: no mancha lo que entra por la boca, sino lo que procede del corazón (Mt 15,1-20) (Mc 7,1-13)

Jesús cura a la hija de una cananea: Mujer ¡qué grande es tu fe! (Mt 15,21-28) (Mc 7,24-30)

Curaciones junto al lago: cojos, ciegos, sordos... (Mt 15,29-31)

Segunda multiplicación de los panes (Mt 15,32-39) (Mc 8,1-10)

Piden a Jesús una señal del cielo (Mt 16,1-4 y 12,38-40) (Mc 8,11-13) Lc 11,16-26)

La levadura de los fariseos y saduceos (Mt 16,5-12) (Mc 8,14-21) (Lc 11,37-54)

Confesión de Pedro (Mt 16,13-20) (Mc 8,27-30) (Lc 9,18-21)

III. INVITACIÓN A LOS DISCÍPULOS

SEGUIR A JESÚS

Primer anuncio de su muerte y resurrección (Mt 16,21-23) (Mc 8,31-33) (Lc 9,22)

La exigencia del seguimiento (Mt 16,24-28 y 8,18-22 y 10,37-39) (Mc 8,34-38) (Lc 9,23-26)

Transfiguración de Jesús (Mt 17,1-13) (Mc 2,9-13) (Lc 9,28-36)

Curación de un epiléptico: ¿por qué nosotros no pudimos expulsar el demonio? (Mt 17,14-21) (Mc 9,14-29) (Lc 9,37-45)

Segundo anuncio de su muerte y resurrección (Mt 17,22-23) (Mc 9, 30-32) (Lc 9,43-45)

El impuesto del templo (Mt 17,24-27)

LA VIDA DE LA COMUNIDAD CRISTIANA

Quién es el mayor en el Reino (Mt 18,1-5) (Mc 9,33-37) (Lc 9, 46-48)

Evitar el escándalo (Mt 18,6-11) (Mc 9,42-48) (Lc 17,1-2)

La oveja perdida (Mt 18,12-14) (Lc 15,3-7)

Corrección fraterna (Mt 18,15-20) (Lc 17,3b-4)

Parábola del perdón (Mt 18,21-35) (Lc 17, 3-4)

Conclusión: cuando terminó el discurso salió de Galilea y se fue a Judea (Mt 19,1-2)

El amor verdadero: matrimonio y divorcio (Mt 19,3-12) (Mc 10,1-12)

Jesús bendice a unos niños (Mt 19,13-15) (Mc 10,13-16) (Lc 18,15-17)

El joven rico y la vida eterna: ¿quién puede salvarse? Para Dios todo es posible (Mt 19,16-30) (Mc 10,17-27) (Lc 18,18-30)

Parábola de los jornaleros que van a la viña (Mt 20,1-16)

Tercer anuncio de su muerte y resurrección (Mt 20,17-19) (Mc 10,32-34) (Lc 18,31-34)

Los puestos principales en el Reino (Mt 20,20-28) (Mc 10,35-45)

Curación de dos ciegos (Mt 20,29-34) (Mc 10, 46-52) Lc 18,35-43)

RECHAZO DE JESÚS. PASIÓN Y RESURRECCIÓN

RECHAZO DEL MESÍAS EN JERUSALÉN

Entrada triunfal de Jesús en Jerusalén (Mt 21,1-11) (Mc 11,1-11) (Lc 19,29-40) (Jn 12,12-19)

Jesús expulsa los mercaderes del templo (Mt 21,12-17) (Mc 11,15-19) (Lc 19, 45-48) (Jn 2, 13-17)

La higuera que no da fruto (Mt 21,18-22) (Mc 11, 12-14.20-24)

La autoridad de Jesús puesta en duda (Mt 21,23-27) (Mc 11,27-33) (Lc 20,1-8)

Parábola del padre que tenía dos hijos (Mt 21,28-32)

Parábola de los viñadores perversos (Mt 21,33-46) (Mc 12,1-12) (Lc 20,9-19)

Parábola del gran banquete: id a las encrucijadas (Mt 22,1-14) (Lc 14,15-24)

Dad al César lo que es del César y a Dios lo que es de Dios (Mt 22,15-22) (Mc 12,13-17) (Lc 20,20-26)

Los saduceos y la resurrección de los muertos: estáis en un error al no entender las Escrituras y el poder de Dios (Mt 22,23-33) (Mc 12, 18-27) (Lc 20,27-40)

El mandamiento más importante (Mt 22,34-40) (Mc 12, 28-34) (Lc 10,25-28)

¿De quién es hijo el Mesías?: de David (Mt 22,41-46) (Mc 12, 35-37) (Lc 20,41-44)

Denuncia de los maestros de la Ley y de los fariseos (Mt 23,1-12) (Mc 12,38-40) (Lc11, 37-52 y 20,45-47)

Jesús desenmascara a los escribas y fariseos: siete "ay" durísimos (Mt 23,11-36)

Lamento de Jesús sobre Jerusalén (Mt 23,37-39) (Lc 13, 34-35)

LA SEGUNDA VENIDA DEL HIJO DEL HOMBRE

Jesús predice la destrucción del templo (Mt 24,1-3) (Mc 13,1-2) (Lc 21,5-6)

Señales precursoras de la destrucción del templo: muchos os engañarán (Mt 24,4-14) (Mc 13,3-13) (Lc 21, 7-19)

Señales de la destrucción de Jerusalén (Mt 24,15-28) (Mc 13,14-23) (Lc 21,20-40)

La venida del Hijo del Hombre (Mt 24,29-31) (Mc 13,24-27) (Lc 21,25-28)

Certeza y cercanía del fin (Mt 24,32-36) (Mc 13,28-31) (Lc 21,29-33)

Exhortación a estar vigilantes porque no sabéis qué día va a venir el Hijo (Mt 24,37-44) (Mc 13,32-37) (Lc 17, 26-36)

Parábola del criado fiel (Mt 24,45-51) (Lc 12,42-46)

Parábola de las vírgenes o criados que esperan a su amo (Mt 25,1-13) (Lc 12,35-38)

Parábola de los talentos o del capital y los intereses (Mt 25,14-30) (Lc 19,11-27)

El juicio final (Mt 25,31-46) (Lucas desarrolla el tema en la Parábola del capital y los intereses: Lc 19,11-28)

IV. SEÑALES PRECURSORAS

LA PASCUA DEL HIJO DEL HOMBRE

Conspiración del Sanedrín (Mt 26,1-5) (Mc 14,1-2) (Lc 22,1-2) (Jn 11,45-53)

Unción en Betania (Mt 26,6-13) (Mc 14,3-9) (Jn 12,1-8)

Traición de Judas (Mt 26,14-16) (Mc 14,10-11) (Lc 22,3-6)

Preparación de la cena pascual (Mt 26,17-19) (Mc 14,12-16) (Lc 22,7-13)

Jesús anuncia la traición de Judas en la cena (Mt 26,20-25) (Mc 14,17-21) (Lc 22,14.21-23) (Jn 13,19-30)

La cena pascual: Jesús tomó pan... después tomó un cáliz... (Mt 26,26-30) (Mc 14,22-25) (Lc 22,15-20) (1ª Cor 11,23-25)

Jesús predice el abandono de todos y las negaciones de Pedro (Mt 26,31-35) (Mc 14,27-31) (Lc 22,31-34) (Jn 13,36-38)

Agonía en Getsemaní: el espíritu está dispuesto, pero la carne es débil (Mt 26,36-46) (Mc 14,32-42) (Lc 22, 39-46)

Prendimiento de Jesús (Mt 26, 47-56) (Mc 14,43-50) (Lc 22,47-53) (Jn 18,3-12)

Proceso religioso: Jesús ante el Sanedrín (Mt 26,57-68) (Mc 14,53-65) (Lc 22,54-55.63-71) (Jn 18,12-14.19-24)

Pedro niega a Jesús (Mt 26,69-75) (Mc 14,66-72) (Lc 22,54b-62) (Jn 18,15-18.25-27)

Proceso político: Jesús ante Pilato (Mt 27,1-2) (Mc 15,1) (Lc 23,1-2) (Jn 18,28-32)

Muerte de Judas (Mt 27,3-10) (Hech 1,18-19)

Pilato interroga a Jesús (Mt 27,11-14) (Mc 15,2-5) (Lc 23,3-5) (Jn 18,33-38)

Jesús, sentenciado a muerte (Mt 27,15-26) (Mc 15,6-15) (Lc 23,13-25)

Coronación de espinas: toda la tropa romana se burla de él (Mt 27,27-31) (Mc 15,16-20) (Jn 19,2-3)

Jesús cargado con la cruz es crucificado entre dos ladrones y burlado por los Sumos Sacerdotes, Maestros de la Ley y Ancianos (Mt 27,32-44) (Mc 15,21-32) (Lc 23,26-43) (Jn 19,17-27)

Muerte de Jesús (Mt 27,45-56) (Mc 15,33-41) (Lc 23,44-49) (Jn 19,28-30)

Jesús es sepultado (Mt 27,57-61) (Mc 15,42-47) (Lc 23,50-56) (Jn 19,38-42)

El sepulcro custodiado (Mt 27,62-66)

Resurrección de Jesús (Mt 28,1-10) (Mc 16,1-8) (Lc 24,1-12) (Jn 20,1-10)

Soborno de los guardias (Mt 28,11-15)

Aparición en Galilea (Mt 28,16-20) (Mc 16,14-18) (Lc 24,36-49) (Jn 20,19-23 y Hech 1,6-8).

--------- Longitud de cada Evangelio: Mt 28,20; Mc 16,20; Lc 24,53 y Jn 21,25 --------------------

Muy importante: recordemos que el que nos habla es Mateo "inspirado por Dios", con la intención de que cada uno/a hemos de encontrar ahí lo que Dios quiere revelarnos de Él, de su vida y su doctrina, **para ayudarnos a vivir esta vida terrena** de modo que alcancemos la eterna que nos tiene prometida.

COMO ADELANTO DE LO QUE VEREMOS EN EL RECORRIDO POR SU EVANGELIO, PODRÍAMOS APUNTAR:

Es importantísimo, trascendental, tener claro que **el núcleo de la fe cristiana** (Mt 11, 2-6) es comprometerse y arriesgarse con Jesús. No es la verdad teórica de un Credo religioso, sino un modo de vida que se contagia y que transforma a las personas... a esto se resiste la mayoría del pueblo judío (Mc 9, 19.24) ¿Y nosotros?

Jesús anuncia a sus contemporáneos –y en ellos, a nosotros-- que el Reino está ya dentro de cada uno (Lc 17, 21). La idea de Reino aparece en el N.T. 162 veces. La salvación se hace presente en la historia (Mc 1, 14-15). Jesús fue un disidente doctrinal (Mc 3, 4-5.22.29-30; Jn 8, 33.37). Los más entendidos en el A.T. y más 'creyentes' rechazaron a Jesús y no reconocieron la novedad que aportaba (Mc 3,4; 3,20; 3,28-30; Jn 8,37). ¡Cuidado! No es la pertenencia a una Religión lo que salva, sino una vida acorde a la de Jesús, que se somete a la voluntad del Padre y se comunica con él desde una entrega total al prójimo.

Recurriendo a los cuatro Evangelios y los Hechos podemos conocer las tentaciones de Jesús (Mt 4, 3-6; Lc 4, 3.9-11); ver cómo participa de la inseguridad humana (Mc 15,34; Mt 27,46); cómo siente angustia ante la prueba de "su bautismo" (Lc 12,50); llora por la muerte de Lázaro (Jn 11,33); tiene miedo ante la violencia que le lleva a la muerte (Jn 12,27; 13,21; Mt 26,38; 22,44; Heb 5,7). Así nos convenceremos de que "su experiencia" está marcada por la inseguridad, y la fe le capacita para vencer el miedo, a diferencia de sus discípulos (Mc 6, 49-50; Mt 14,30-31). En pocas palabras: fue plenamente humano, sin trampa ninguna.

Jesús fue "igual a nosotros menos en el pecado". Remarcaré sus acciones humanas, a lo largo de la exposición, para que evitemos pasarlas por alto, pensando en que es Dios al mismo tiempo que persona humana; y aceptar que se hizo tal para enseñarnos que nosotros también podemos (y debemos) vivir como hijos de Dios, pese a nuestra debilidad y fragilidad. Recordemos, antes de entrar en detalles, algunas actitudes y palabras muy humanas: en Mt 11,20 se nos dice que *"se puso Jesús a **recriminar** a las ciudades donde había hecho casi todos sus milagros, porque no se habían convertido"* ¿Y qué significa "recriminar"?: "Censurar a una persona su comportamiento, echarle en cara su conducta; acriminarse dos o más personas…" (Diccionario de la R.A.E). 'Insulta' a veces: raza de víboras, malvados, adúlteros, guías de ciegos… (cf. 12,34.39-45; 14,31; 15,25-28; 16,4.9.11; 17,17; 21,12-13.24-27; 23,13.15-1723.25.27.31-34…).

"El centro del mensaje de Jesús está en su vida y el posterior anuncio de su resurrección…, no en su muerte. La muerte de Jesús le confina a la historia de los vencidos, asesinados por la sociedad y por la religión.

"Su soledad humana y la incomprensión de sus familiares (Mc 6, 2-3; Lc 4, 28-30; Jn 7,5) y discípulos (Mc 8,33; 9,35; 10,38) se agravaron por el silencio divino de su muerte (Mc 15,34; Mt 27,46)

Su filiación humana es el cauce desde el que hay que plantear su toma de conciencia progresiva (Lc 5, 52) y la nuestra. Con otras palabras, Él y nosotros vamos aprendiendo lo que Dios quiere de cada uno. Vemos a Jesús vinculado al Padre desde su nacimiento *(¿no sabíais que tengo que cuidarme de las cosas de mi Padre?)*; mantiene y aumenta su adhesión durante su vida y es fiel cuando tiene que afrontar la muerte (Jn 14,30-31). ¿Nosotros aumentamos nuestra adhesión o nos quedamos en la Primera Comunión? ¿Y cómo afrontamos la muerte, que según los Psicólogos es el miedo más común entre las personas?

Hay un progresivo crecimiento en la identidad personal de Jesús. El 4º Evangelio es el que más resalta la conciencia de su filiación divina, pero los sinópticos muestran distintos acontecimientos que le obligaron a tomar conciencia de su final trágico, p.ej. la muerte del Bautista (que le hace huir), la creciente violencia que le rodeaba; la progresiva radicalización de las autoridades (lógica humanamente, que el Padre respeta); el desconcierto creciente de sus discípulos (el traidor, elegido por Él, le venderá); y la ambigüedad del pueblo, fascinado por su mensaje y temeroso de las autoridades.

Espera la venida próxima del Reino (Mc 1,15; 9,1; 13,28.30) y la culminación de su Proyecto, sin saber día ni hora (Mc 13,32) (es como si la divinidad se escondiera: su filiación divina irradia desde su humanidad)

La toma de conciencia personal es siempre incompleta y **progresiva**, diferente del conocimiento objetivo de las cosas.

Dios no es objeto directo de nuestra conciencia humana, no puede ser objetivado. Sólo de forma indirecta y relacional podemos captar su presencia en la vida: el N.T. se expresa, aludiendo a cómo el Espíritu dirige (Mc12, 36; 13,11)… En la relación interpersonal crecemos en clarificación sobre nosotros mismos. Esto también se da en las experiencias de oración mental y de trato personal con Dios.

Si alguien tiene o no revelaciones divinas, se escapa a la razón. Pero es posible analizar sus consecuencias, adónde llevan y hasta qué punto son razonables. Jesús lo que nos pide es que observemos cómo su actividad libera, sana y salva (Mt 11,4-6; Mc 2,10; Jn 9,25.30-33) en contra de los que le acusan.

Jesús no fue un teólogo, sino un maestro espiritual, que desautorizó la religión como forma de dominio. **No añadió ninguna práctica devocional, ritual o disciplinar a las ya existentes…** alivió la carga religiosa de su religión; pero sí radicalizó sus elementos éticos y subordinó la doctrina a las necesidades humanas, relativizando las normas religiosas (Mc 3, 4-6). Por eso, la ortodoxia religiosa no puede ser el criterio último para un cristiano. Todas las Religiones quedan subordinadas a un proyecto de salvación, que se evalúa desde las consecuencias que produce aquí en la tierra.

Los valores que motivaban a Jesús desbordaban la esfera de la religión y eran conocibles por todos. La fe en Jesús, en su proyecto de vida, en su interpretación de la religión y del hombre, es lo primero y fundamental del cristianismo.

Al identificar la divinidad con la vida de una persona, ya es posible hablar de la divinidad, a pesar de su misterio... No hablamos de Dios directamente. Lo hacemos desde Jesucristo, cuya vida es inteligible. El cristiano cree en una revelación humana e histórica, con lo que ya puede dar un contenido concreto a su fe. No sabemos quién ni cómo es Dios. Pero sí percibimos quién y cómo es Jesús, al que afirmamos como su testigo y su enviado. La FE pasa por Jesucristo, el cual vivió de su FE. Las experiencias de misericordia, gratuidad y hambre de justicia, que determinaron su proyecto de vida, revelan la voluntad divina. La angustia e inseguridad que acompañan siempre a la pregunta por el ser y el sentido (Heidegger), dejan paso al conocimiento de Dios y de cómo relacionarse con él.

He aquí algunas posibles 'investigaciones', por si algún lector/a se anima:

PREGUNTAS QUE LE HACEN A JESÚS Y SUS RESPUESTAS; Y PREGUNTAS QUE ÉL (NOS) HACE.

CONTESTACIONES 'DURAS' POR PARTE DE JESÚS.

AVISOS QUE NOS DA, PORQUE NOS AMA.

CONCEPTOS EN PAREJAS QUE EMPLEA (p.ej. el que escucha y pone en práctica)

OCASIONES EN LAS QUE NO SE CALLA ANTE LA AUTORIDAD.

USO DE PARÁBOLAS, METÁFORAS, <u>EXPERIENCIAS DE LA VIDA</u>

ACTITUDES HUMANAS DE JESÚS: TIENE HAMBRE, DUERME, LLORA, COME...

CÓMO ES LA ORACIÓN DE JESÚS (a solas, diálogo con el Padre...)

Jesús participa en la experiencia de tantos seres humanos que se sienten abandonados por Dios y por los demás. Creer que Dios estaba presente en la Cruz y que su silencio tenía algo que decir al hombre forma parte del escándalo que causó el cristianismo.

El cristianismo hace de la injusticia y el sinsentido una clave fundamental. Dios está con las víctimas... Este enfoque obliga a un REPLANTEAMIENTO de cómo entendemos los atributos

divinos de la omnipotencia, omnisciencia, providencia... y, consiguientemente de cómo hablamos de ellos...

Para el creyente, la Cruz, un hecho histórico profano, se convierte en un lugar teológico. El fundamentalismo religioso y político exige que muera por el pueblo (Jn 11,48-53). La revelación manifiesta que morir como él, sin venganza, desde la fe y el abandono, es lo que genera sentido a la vida y a la muerte. Si EL SERMÓN DE LA MONTAÑA es un compendio de la revelación, la Cruz no sólo se integra dentro de esa comunicación divina, sino que la confirma. Hay coherencia entre el sentido que ofreció Jesús en su vida y el que mantuvo durante su muerte.

Esforcémonos en salvar la tensión (o equilibrio) entre lo que Dios hace y lo que cada uno hemos de hacer para que el plan de Dios se cumpla. Ni solo Él, ni el hombre solo.

El resucitado es el mismo, pero no de la misma manera, manifiesta nuevas dimensiones que no se conocieron en su vida terrena... Ahora su condición de resucitado transfigura su humanidad. Por eso no lo reconocen los Apóstoles (Mt 28,17; Lc 24,16.31; Jn 20,24; 21, 4.12) ni lo reconocemos nosotros si nos 'quedamos en la Cruz'. Recordemos que Jesús no está muerto. Vive y por eso nos puede dar vida. El problema para los cristianos está en que nos adherimos a una interpretación global, sin haber tenido la experiencia original, que la posibilitó (Jn 20,29.31).

Quiero poner en guardia, también, sobre la comprensión de ciertos términos, p.ej. "piedad" y "carne" que el Vocabulario Bíblico de Leon Dufour define así: "Para los modernos es la **piedad** la fidelidad a los deberes religiosos, reducidos con frecuencia a los 'ejercicios de piedad'. En la Biblia tiene la piedad mayor irradiación: engloba además las relaciones del hombre con los otros hombres".

Y con respecto a **"carne"** leemos: Para el NT como para el AT el hombre es carne, no en el sentido de que esté compuesto de una «materia» (la carne o el cuerpo) animada por una «forma» (el cuerpo o el alma), sino en el sentido de que se expresa a través de esta carne que es su cuerpo, lo que caracteriza a la persona humana en su condición terrena.

Entramos ya en el análisis del Evangelio de Mateo desde la óptica anunciada: ¿"Qué me dice a mí -ahora y aquí- cada uno de estos textos"?

Nota muy importante: Para un mayor aprovechamiento conviene tener una Biblia a mano, de modo que se puedan leer todos los textos que en el libro no aparecen completos.

I. PRESENTACIÓN DE JESÚS, EL MESÍAS

INFANCIA DE JESÚS

Ascendientes de Jesús (Mt 1,1-17) (Lc 3,23-37):… *Las generaciones desde Abrahán hasta David son en total catorce; desde David hasta la deportación a Babilonia, catorce; y desde la deportación hasta el Mesías, catorce…*

★★★ En la genealogía que presenta Mateo aparece el pecado de David con la mujer de Urías (hay interés en los Evangelios de presentar el pecado (Mt 1,6b). Ningún otro evangelista recoge este detalle. Se habla, además, de cuatro mujeres: Rut, Tamar, Rahab, Betsabé (la mujer de Urías con quien concibió David a Salomón) (2° Sam 11,2-6).

★★★ Pareciera que los evangelistas tienen interés en que veamos los pecados de los grandes amigos de Dios. ¿Para qué? Posiblemente para que aceptemos nuestra realidad y desde ahí intentemos imitar al Jesús-hombre… ¿Y las 4 mujeres extranjeras cómo deberíamos interpretarlas?, como un símbolo de que la salvación de Dios abarca a toda la humanidad. Y se refuerza con la poca importancia que tenía en este tiempo la mujer. Ellas y los varones pecadores que se citan nos enseñan que Dios no es puritano como nosotros lo somos tantas veces. Dios aprovechará a estos pecadores y las mujeres para su plan de salvación, porque Él ha creado a todos y ha venido para perdonar (si nos dejamos perdonar) y no para condenar.

Nacimiento de Jesús, Dios con nosotros (Mt 1,18) Tampoco lo trae ningún otro Evangelista. *María estaba desposada con José y antes de que vivieran juntos, se encontró encinta por obra del Espíritu Santo…*

*** Este acontecimiento, en aquel tiempo, nos impulsa a creer "que Dios lo puede todo". Esto es lo que llamamos "omnipotencia". Pero hemos de tener cuidado al expresar este concepto porque no significa que Dios –caprichosamente– pueda hacer lo que quiera. Recordemos que Dios es AMOR y el amor actúa siempre en razón de la necesidad del amado/a.

Papel de José (Mt 1, 19-25): *José, su marido, que era justo y no quería denunciarla, decidió repudiarla en secreto. Pero apenas tomó esta resolución un ángel del Señor se le apareció en sueños y le dijo:… no tengas ningún reparo en recibir en tu casa a María, tu mujer… Dará a luz un hijo, y le pondrás el nombre de Jesús, porque él salvará a su pueblo de sus pecados. Todo esto sucedió para que se cumpliese lo que el Señor había dicho por medio del Profeta… Is 7,14. Cuando José despertó hizo lo que le había mandado el ángel del Señor y se llevó a su mujer a su casa; sin haber tenido relaciones, María dio a luz un hijo, al que él le puso por nombre Jesús.*

*** Los esponsales se celebraban aproximadamente un año antes de la boda y tenían ya el valor jurídico del matrimonio. La ceremonia nupcial suponía el traslado solemne y festivo de la novia a casa del novio. José no fue el padre físico de Jesús, pero sí el 'legal', equivalente en derechos y deberes al físico. Podemos pensar que María no fue vista como adúltera, con el consiguiente bochorno, por su visita a Isabel y su acogida por José, tras haber decidido darle el libelo de repudio. Los tres: Jesús, María y José, acogen la Voluntad del Padre. Personas humildes y obedientes las tres.

*** ¿Cuál es la enseñanza de José para nosotros?: que Dios escoge libremente a sus preferidos, lo cual no significa perjuicio alguno para las demás criaturas. Pero en José observamos que no siempre Dios busca papeles brillantes para sus hijos. José fue un hombre al que le cayó encima una responsabilidad enorme: educar a Jesús, pero desde el anonimato. Cuando Jesús empezó a "brillar", ya no vivía José. Y nos enseña también que hemos de estar dispuestos al plan del Señor, aunque no sea brillante exteriormente. Algo parecido podríamos decir de María.

*** Llamar a José "justo", quiere decir 'piadoso', servidor irreprochable de Dios, cumplidor de su Voluntad, bueno, amante de Dios, que demuestra ese amor cumpliendo los mandamientos y orientando toda su vida al servicio de los demás. José y María nos dan el duro ejemplo de abandonarse en el Señor contra toda lógica humana. ¿Los criterios de Dios son nuestros criterios humanos?: No. ¿Su lógica es como la nuestra?: No. A primera vista son totalmente opuestos, pero si profundizamos, terminamos aceptando que son plenamente humanos; de ahí que las personas podamos acoger la voluntad de Él aun en los casos más dolorosos.

*** Este fue el objetivo de Dios al rebajarse a la condición humana. La experiencia nos confirma que Dios ilumina al hombre que actúa con rectitud y confía en el poder y amor divinos. A José le hizo comprender que era el eslabón que faltaba para el cumplimiento de la profecía de Natán (2° Sam 7,12).

Los sabios de Oriente: Jesús, luz de los pueblos (Mt 2,1-12) *Jesús nació en Belén de Judea. En tiempo del rey Herodes. Unos magos de oriente se presentaron en Jerusalén preguntando: ¿Dónde está el rey de los judíos que acaba de nacer?... Al oír esto el rey Herodes, se inquietó, y con él toda Jerusalén; convocó a todos los jefes de los sacerdotes y a los maestros de la Ley y les preguntó. Ellos le contestaron: en Belén de Judá, pues así lo escribió el profeta:... (Miq 5,2).*

*** ¿Qué nos habrá querido decir Dios con unos Magos? (probablemente de Persia y dedicados al estudio de las estrellas): por lo pronto, que los primeros que reconocen al Mesías no son los de su pueblo, sino "gentiles" que por la visión de la estrella (en la cultura del momento significaba el nacimiento de alguien muy importante) hicieron un largo y penoso viaje 'para adorarle y ofrecerle dones'. Posteriormente se ha explicado la correspondencia de sus tres dones –oro, incienso y mirra- con la actitud del cristiano. Pienso que esta 'correspondencia' del oro, el incienso y la mirra, 'correspondencia", que no aparece en la Palabra de Dios, ha hecho más mal que bien, porque Cristo no viene para ser adorado con ofrendas, algunas veces en contradicción con la vida del oferente, sino para ser imitado.

*** ¿Eres tú, lector/a, de aquellos que encienden muchas velas al Santísimo y no imitan la pobreza del pesebre, la humildad que supone 'rebajarse' de Dios a hombre, etc.? Me gusta decir que las visitas a Jesús en el Sagrario no son para 'darle' nada, sino para cargar nuestro chic de modo que podamos imitarle, a base de meditar, contemplar su vida y su enseñanza. Fijémonos lo que dice el **Prefacio Común IV**: *"Pues aunque* *no necesitas nuestra alabanza, ni nuestras bendiciones te enriquecen, tú inspiras y haces tuya nuestra acción de gracias, para que nos sirva de salvación (a nosotros), por Cristo, Señor nuestro".*

★★★ El verbo "adorar" no ha sido bien entendido por algunos creyentes. Leamos lo que dice S. Gregorio Nacianceno (330-390, arzobispo cristiano de Constantinopla del siglo IV): *"A quien por causa de nuestra salvación se humilló a tal grado de pobreza de recibir un cuerpo como el nuestro, ofrezcámosle NO ya incienso, oro y mirra, sino dones espirituales más sublimes que los que se captan con los ojos".* Y recordemos que el don más importante es la obediencia a su voluntad (palabra que viene de bene-volere = su buen querer a cada uno).

★★★ Los magos no sabían que fuera Dios, sino un hombre muy importante. Hicieron un camino para encontrarse con ese pequeño. Eran humildes y preguntaron a quienes sabían más que ellos. El camino es símbolo de nuestra vida. Somos caminantes, peregrinos. Aquí no tenemos patria permanente, estable. Cada día estamos un poquito más cerca de la definitiva. Esta vida es una prueba. Los magos, representantes de los gentiles, se dejaron guiar por la Palabra del profeta (Miq. 5,2). No nos consta quién les hizo la advertencia a los magos ni cómo fue, pero sí se dice que ellos hicieron caso.

★★★ Herodes el Grande (de padres no judíos y 'vendido' a los romanos), reconstruyó lujosamente el Templo de Jerusalén y se hizo famoso por su crueldad, mató incluso a alguno de sus hijos. Él, los jefes de los sacerdotes y los maestros de la Ley conocían los profetas. Ellos nos recuerdan que no es suficiente con *conocer* la Palabra, sino que es necesario interpretarla, discernirla… y **practicarla**.

★★★ Y la figura del rey Herodes en concreto nos enseña, pues: que no debemos caer en el miedo, porque veamos que otros nos superan, que no hay que mentir, que nuestras palabras no deben tener intencionadamente dos o más sentidos.

Huida a Egipto: Jesús, el inocente perseguido (Mt 2,13-23): *Apenas se marcharon (los magos) el ángel del Señor se apareció en sueños a José y le dijo: Levántate, toma al niño y a su madre, huye a Egipto y quédate allí hasta que yo te avise, porque Herodes va a buscar al niño para matarlo. Él se levantó, tomó* *al niño y a su madre de noche, se fue a Egipto y estuvo allí hasta la muerte de Herodes, para que se cumpliera lo que había dicho el Señor por medio del profeta Os 11,1… Herodes, al ver que los magos se habían burlado de él, montó en cólera y mandó matar a todos los niños de Belén y alrededores de dos años para abajo… Así se cumplió el oráculo del profeta Jer. 31,15. Cuando murió Herodes, el ángel del Señor se apareció en sueños a José en Egipto y le dijo: Levántate, toma al niños y a su madre y vuelve a la tierra de Israel… Él se levantó, tomó al niño y a su madre y se fue a la tierra de Israel. Pero, al enterarse que Arquelao reinaba en Judea en lugar de su padre Herodes, tuvo miedo de ir allí y, avisado en sueños, se retiró a la región de Galilea. Fue a vivir a una ciudad llamada Nazaret, para que se cumpliera lo que habían anunciado los profetas: que el Niño sería llamado nazareno.*

★★★ En este tramo del capítulo 2, Mateo recoge tres intervenciones del 'ángel' a José (2,13.19.23); y cuatro confirmaciones del cumplimiento de lo anunciado por los profetas (2,5.15.17.23)

★★★ Impresiona el subtítulo que algunas Biblias ponen a este trozo: "El Inocente perseguido". Todavía hoy sigue ocurriendo: más de un inocente es perseguido. Y más de un adulto también entra en cólera y comete barrabasadas (mata a inocentes o decapita a quien no vive su misma Religión…). ¡Cómo llama la atención leer en la Palabra estas cosas que siguen ocurriendo!

★★★ *Los que obedecen al ángel no tienen nada que temer.* Pero es curioso que esta obediencia no anula la capacidad de interpretación personal, como ocurrió con José, que volvió a "tierra de Israel… pero a Nazaret de Galilea, al enterarse que reinaba en Judea Arquelao". Y fue así como el miedo a Arquelao le hizo que se cumpliera "lo que habían anunciado los profetas: que (el niño) sería llamado Nazareno". Da la impresión de que Dios trabaja unas veces con nuestras personales decisiones; y otras veces es como al revés. Todas las Escrituras están llenas de casos en los que pecadores son personajes claves, p. ej. David, Pedro, etc

PREPARACIÓN PARA LA MISIÓN

Juan Bautista, heraldo de conversión (Mt 3,1-12): *Por aquellos días se presentó Juan el Bautista predicando en el desierto de Judea proclamando:*

"Convertíos, porque está llegando el Reino de los Cielos". A él (a Juan) se refería el profeta Isaías 40,3 cuando dijo "Una voz grita en el desierto…"… Acudían a él de Jerusalén, de toda Judea y de toda la región del Jordán; ellos confesaban sus pecados y él los bautizaba en el río Jordán. Viendo que muchos fariseos y saduceos venían a que los bautizara, les dijo: <u>Raza de víboras</u>, ¿quién os ha enseñado a huir de la ira que os amenaza? Dad frutos dignos de conversión, y no os ilusionéis con decir en vuestro interior: tenemos por padre a Abrahán… Todo árbol que no dé buen fruto será cortado y arrojado al fuego… El que viene detrás de mí es más fuerte que yo, y yo no soy digno de descalzarle las sandalias. Él os bautizará con Espíritu Santo y fuego…

★★★ En Juan Bautista se cumplió lo que dijo Isaías en 40,3. Es de recordar que Mateo al escribir para los judíos cristianos manifiesta mucho interés por hacerles ver que en Jesús y Juan Bautista se realizan los anuncios proféticos del A.T.

★★★ La diferencia del mensaje de Juan Bautista con el de Jesús es: *"Convertíos, porque <u>está llegando</u> el Reino de los cielos"*; mientras que Jesús dice: *"convertíos, porque el Reino de los cielos <u>ha llegado</u>"*.

★★★ La palabra "conversión" significa 'cambio', vuelta al Señor a quien le hemos desobedecido. Ella sola resume todo el mensaje del Bautista. Pero es preciso hacer una anotación en este mensaje: en la nota de la B. de J. al 4,17 leemos: "el tema central de la predicación de Jesús es "la realeza de Dios sobre el pueblo y a través de él sobre el mundo. Implica un reino de 'santos' cuyo rey verdadero será Dios, porque su reinado será aceptado por ellos con conocimiento y amor".

★★★ En Mt 3, 9-10 es la primera vez que aparece "el fuego"… Son muchos los avisos que se recogen en los Evangelios. Aquí tenemos el primero, pero es de observar que todos concluyen positivamente: *"Él os bautizará con Espíritu Santo y fuego…"* (3,11b).

★★★ Señalemos también en este trozo el insulto de Juan Bautista referido a fariseos y saduceos: *Raza de víboras, dad frutos dignos de conversión, y no os ilusionéis con decir en vuestro interior tenemos por Padre a Abrahán…"*; la fe exige bastante más que rezar oraciones de memoria o decirnos a nosotros mismos: Dios es mi Padre. Demos frutos (hechos) de conversión, para lo que contamos con el Espíritu Santo desde el Bautismo.

Bautismo de Jesús, el Hijo amado (Mt 3,13-17): *Entonces Jesús fue de Galilea al Jordán para que Juan lo bautizara. Pero Juan quería impedirlo… Jesús le respondió: ¡Déjame ahora, pues conviene que se cumpla lo que Dios ha dispuesto… Juan accedió. Jesús salió del agua y en esto los cielos se abrieron y* **vio** *al Espíritu de Dios descender… sobre él. Y se* **oyó** *una voz: este es mi hijo, mi predilecto…*

★★★ Especialmente estos dos sentidos -la vista y el oído- aparecen como muy importantes en la relación del creyente con su Dios. La razón puede ser que la Fe no es un conocimiento puramente intelectual, abstracto, sino que lo importante es llegar a alcanzar "experiencia" de Jesús, a través de la vida ordinaria de cada día, la nuestra y la ajena.

★★★ Podríamos decir que la Palabra está encarnada en la vida. ¿Cuántas veces acoger los planes de Dios exige romper los nuestros?: María, José, Juan Bautista y el mismo Jesús en la Oración del Huerto nos dan ejemplo.

Las tentaciones de Jesús (Mt 4,1-11) (Mc 1,12-13) (Lc 4, 1-18) Los tres sinópticos coinciden en la expresión: *"El Espíritu condujo a Jesús al desierto para ser tentado".*

★★★ ¿Hemos tomado los cristianos conciencia de este gesto de Jesús? ¿No nos parece además de 'duro' un poco absurdo? Pero lo importante es que caigamos en la cuenta de que <las tentaciones>, como ocurre con <los sufrimientos>, dado que las dos cosas las pasó Cristo, no deben ser tan 'malas' como nuestra lógica humana nos hace creer. ¿No serán imprescindibles para llegar a la gloria que Él alcanzó? Y, desde luego aprendamos que las tentaciones se vencen, como las venció Jesús, con la Palabra de Dios (Mt 4,4. 7. 10).

★★★ No es la única vez que en la Biblia leemos diálogos entre Satanás y Dios, con motivo de las tentaciones. Fijémonos en éste tan curioso y revelador, que nos puede manifestar algo muy importante: Job 2,1-13 *"Un día fueron los ángeles y se presentaron al Señor; entre ellos llegó también SATANÁS. El Señor le preguntó: ¿De dónde vienes?- él respondió: de dar vueltas por la tierra.- el Señor le dijo: ¿te has fijado en mi siervo Job?; en la tierra no hay otro como él: es un hombre justo y honrado que teme a Dios y se aparta del mal; pero tú, Satanás, me has incitado contra él, para que lo aniquilara sin motivo, aunque todavía persiste en su honradez.- SATANÁS respondió: piel por piel, por salvar la vida el hombre lo da todo. Pero extiende la mano sobre él, hiérelo en la carne y en los huesos, y apuesto a que te maldice en tu cara.- El Señor le dijo: Haz lo que quieras con él, pero respétale la vida.- Y SATANÁS se marchó; e hirió a Job con llagas malignas desde la planta del pie a la coronilla... Su mujer le dijo: ¿Todavía persistes en tu honradez? Maldice a Dios y muérete. Job le contestó a su mujer: Hablas como una necia. Si aceptamos de Dios los bienes, ¿no vamos a aceptar los males? Tres amigos de Job... se quedaron con Job, sentados en el suelo, siete días con sus noches, sin decir una palabra, viendo lo atroz de su sufrimiento".* Y el mismo Mateo, en 8,28-34, nos presenta el incidente de los demonios que piden ser enviados a la piara de cerdos.

★★★ Pienso, que en este tema de las tentaciones quiso Jesús avisarnos de que también nosotros vamos a tener tentaciones. Por eso en el 'Padre Nuestro' no nos enseñó a pedirle que nos quite las tentaciones, sino *"no nos dejes caer en la tentación"* y, como hemos dicho, acudiendo a la Palabra, igual que hizo Él (Mt 4, 4.7.10).

★★★ Si esto es así, habremos de aprender a sacar provecho de ellas, en lugar de ceder. ¿Cuáles son sus valores?: nos mantienen en la humildad, que es la raíz de todas las virtudes y el primer fruto de la FE; nos hacen crecer; y nos demostramos a nosotros mismos (no a Dios, que no necesita que le demostremos nada) cómo va nuestro seguimiento de Cristo.

★★★ Las tres tentaciones que leemos en el Evangelio podemos entenderlas como equivalentes al "deseo de poder" que llame la atención de los otros; "confundir la fe con la magia", en la medida que pretendemos que el Señor cumpla nuestra voluntad; y "adorar a alguien o algo distinto de Dios". Las tres las reducimos a una: trastocar nuestro papel de "creatura", "siervo" u "oveja" para ocupar el puesto de "El Señor", buen Pastor, Amor que ha dado su vida por todos...

De Nazaret a Cafarnaún (Mt 4,12-16) (Mc 1,14-15) (Lc 4,14-15)
Cuando oyó Jesús que Juan estaba en la cárcel se retiró a Galilea, dejó Nazaret y se marchó a vivir a Cafarnaún... Así se cumplió lo que anunció Isaías en 8,23; 9,1.

*** Es interesante ver que Jesús huyó de la muerte en esta ocasión y sintió miedo. Recreémonos en estos <u>sentimientos humanos</u> de Cristo, que son los que a nosotros nos hacen más bien, porque los podemos imitar. No recurramos corriendo a: "¡claro, como era Dios y sabía que esta no era su hora…!". Insisto en la importancia de contemplar al Cristo-hombre, cuando estamos leyendo u oyendo la Palabra, porque se ha rebajado hasta ese límite para que lo imitemos.

II. INVITACIÓN A ISRAEL (Mt 4,17 a 16,20):

ANUNCIO DEL REINO CON OBRAS Y PALABRAS (Mt 4,17-25):

Desde entonces comenzó Jesús a predicar y decir: "Convertíos, porque el Reino de los Cielos ha llegado" (Mt 4,17).

*** Es muy importante entender y aceptar de corazón que el anuncio, aunque está sujeto a Israel, es para todos los hombres de todos los pueblos (cf Mt 22,1-14 parábola del gran banquete). Digamos que Dios nos creó a todos y nos redimió a todos… Falta que todos acojamos su redención. He aquí el problema de la libertad y el modelo para nuestro comportamiento: debemos esforzarnos en educar la libertad, para no caer en el libertinaje, y agrandar nuestro corazón un poquito más cada día. Hemos de **estar convirtiéndonos permanentemente**, lo cual significa volver –una vez más-- al Señor, del que nos hemos apartado por nuestros pecados (nuestra desobediencia).

Primeros discípulos: (Mt 4,18-22) (Mc 1,16-20): *Paseando junto al lago de Galilea, vio a dos hermanos: Simón, llamado Pedro, y Andrés…que eran pescadores. Les dijo: "Seguidme y os haré pescadores de hombres". Más adelante vio a otros dos hermanos: Santiago el de Zebedeo y Juan, su hermano…*

*** Jesús se sentía con poder para convocar. ¿Y nosotros? He aquí los cuatro primeros llamados, que nos enseñan a responder inmediatamente al Señor, sin poner como excusa nuestra debilidad, la tarea que estamos haciendo, la pérdida de nuestro oficio…Sin embargo, todos los apóstoles abandonarán a Jesús en el momento más trascendental, tengámoslo en cuenta.

★★★ No demos a los propios pecados y a nuestra "pequeñez" más valor del que tienen. No hagamos de esto un ídolo, porque no son más fuertes que el amor de Dios. De ahí que se diga que no podremos triunfar mientras que no nos creamos de verdad que Dios nos ama, pese a nuestra fragilidad y debilidad. Es equivocado pensar que para que nos ame Jesús, primero nos tenemos que convertir. O dicho de otra manera, mientras que nos duelan los pecados porque no hemos sido incapaces de mantener nuestro propósito —orgullo, soberbia—estaremos fuera de la senda. Tienen que llegar a dolernos porque no hemos correspondido al infinito amor que Dios (Padre, Hijo y Espíritu Santo) nos tiene.

Actividad de Jesús: (Mt 4,23-25); (Mc 1,39) (3,7-10) (Lc 4, 15; 15,40-44) (Hech 10,38) *Jesús recorría toda Galilea enseñando en sus sinagogas, anunciaba la Buena Noticia del Reino y curaba (3 cosas) (4,23). En 9,35 dirá Mateo: Jesús recorría ciudades y aldeas <u>enseñando</u> en sus sinagogas, <u>predicando</u> el evangelio del Reino y <u>curando</u> todas las enfermedades y dolencias.*

★★★ No se trata sólo de enseñar y predicar; Jesús también nos dio el mandato de "curar", pero esto supone fe auténtica, de ahí que se vea con tan poca frecuencia y, por tanto, nuestra enseñanza y predicación aparezcan sin fuerza para sanar a los 'oyentes'...

Marcos 1,39 añade: *"Echaba a los demonios";* y en 3,9-10 indica dos cosas interesantes: a) recurrió a una barca, para predicar desde ella y evitar que le estrujaran; *y* b) *"los espíritus inmundos, cuando lo veían, se postraban ante él y gritaban: Tú eres el hijo de Dios. Pero él les ordenaba severamente que no lo descubriesen".*

★★★ ¿Qué nos querrá decir Dios con estas palabras? Por lo pronto, ya hemos visto que desde el A.T. se hace patente cierto diálogo entre Dios y Satanás y los suyos, ¿para que no nos quedemos en 'conocedores' de Jesús, sino que seamos <seguidores-imitadores> suyos?. Seguramente también nos indica que no forcemos a nadie a creer y que nos formemos seriamente en lo que significa "ser cristiano de hoy". Máxime si somos sacerdotes o catequistas. ¡Cuánta responsabilidad la nuestra!

★★★**Lucas** en 4,15.44 nos recuerda que Jesús enseñaba en las sinagogas *"y todos le alababan".* No había llegado la hora de las preguntas capciosas y

los deseos de eliminarlo. En el mismo Lucas 4,40-44 aparece el gesto de
la imposición de las manos; y Mateo (nombre que significa "la Palabra
de Dios") insiste en que *"de muchos salían también los demonios, gritando…"*

★★★**En Hechos** 10,38 dice Lucas que *"Jesús pasó haciendo el bien y curando a
los oprimidos por el diablo, porque la fuerza de Dios estaba con Él"*. Esta fue una
de las señales que Jesús realizó; otras fueron la predicación, las curaciones
de muchas enfermedades: cuatro estaban anunciadas por **Isaías**: 35,5:
*(Entonces se despegarán los ojos de los ciegos y las orejas de los sordos se abrirán,
saltará el cojo como ciervos y la lengua del mudo lanzará gritos de júbilo); Is 40,9:
(clama con voz poderosa, alegre mensajero, para Jerusalén, clama sin miedo. Di a
las ciudades de Judá: ahí está vuestro Dios); e Is 52,7: ¡Qué hermosos son sobre
los montes los pies del mensajero que anuncia la paz… que trae buenas nuevas,
que anuncia la salvación, que dice a Sion: ya reina tu Dios!*

★★★**Los Hechos** concluyen el discurso de Pedro así: *Él nos encargó predicar
al pueblo y proclamar que Dios lo ha constituido a Jesús "juez" de vivos y muertos.
Todos los profetas testifican que el que crea en Él recibirá por su Nombre el perdón
de los pecados* (Hech 10,42-43).

★★★ Hemos de tener mucho cuidado con la comprensión de estos dos
conceptos: Dios-Juez y creer-fe.

EL SERMÓN DEL MONTE (de Mt 5,1 a 7,28)

BIENAVENTURANZAS: Las Bienaventuranzas son como la apertura
del Sermón de la montaña, uno de los cinco grandes discursos que el
evangelista Mateo nos ofrece (ocupan sus capºs 5-7):*… se puso a enseñarles
así: Dichosos los pobres en el espíritu…;los que sufren…;los humildes…; los que
tienen hambre y sed de justicia…; los misericordiosos…; los limpios de corazón…;
los que trabajan por la paz…; los perseguidos por ser justos…* (Mt 5, 1-12)

(**Mc** 9,50 trae la sal y la luz de Mt 5,13-14)

(**Lc** en 6,20-23 reduce a cuatro las 8 bienaventuranzas de Mateo; y en
14,34-35 habla de la sal):

Explicitación de las Bienaventuranzas.-

Dichoso quien pone sabor y luz en la vida (Mt 5,13-16);
que se entrega generosamente (5,17-20);
que sabe perdonar (Mt 5,21-30);
que respeta a la persona (Mt 5,31-32);
que habla con franqueza (Mt 5,33-37);
que devuelve bien por mal (Mt 5,38-4a);
que crece en el amor (Mt 5,43-48) (Lc 11,2-4);
que <u>ora</u> y obra con sencillez (Mt 6,1-18);
que huye de las apariencias (Mt 6,16-18);
que conoce la verdadera riqueza: atesorar para el cielo y controlar los ojos
   (Mt 6,19-23);
que no se hace esclavo del dinero (Mt 6,24);
que busca las prioridades: el Reino de los Cielos y su justicia (Mt 6,25-34);
que evita juzgar (Mt 7,1-5);
que no profana las cosas santas (Mt 7,6);
que sabe confiar (Mt 7,7-11).

Regla de oro: *todo lo que queráis que hagan los hombres con vosotros, hacedlo también vosotros con ellos, PORQUE EN ESO CONSISTE LA LEY Y LOS PROFETAS* (Mt 7,12).

*Dichoso aquel que aprende a **discernir*** (en otro Evangelio dice a "amar"): *Entrad por la puerta estrecha (7,13). Que es ancha la que lleva a la perdición, y son muchos los que entran por ella. Y estrecha la puerta y angosto el camino que lleva a la vida, y son pocos los que lo encuentran* (Mt 7,13-14) *Guardaos de los falsos profetas…Por sus frutos los conoceréis* (Mt 7,15-20).

*Y dichoso quien CUMPLE LA VOLUNTAD DE DIOS (7,21-27): No todo el que me dice: ¡Señor! ¡Señor!, entrará en el Reino de los Cielos, sino el que hace la voluntad de mi Padre celestial. Muchos me dirán aquel día…: Señor, ¿no hemos profetizado en tu nombre, arrojado a los demonios y hecho muchos milagros en tu nombre? Entonces yo les diré: 'Nunca os conocí. Apartaos de mí, **malvados'**. El que escucha mis palabras y las pone en práctica se parece a un hombre sensato que construye su casa sobre roca… Pero todo el que escucha mis palabras y no las pone en práctica se parece a un hombre necio…*

★★★ Observemos la enseñanza: son pocos los que entran por la puerta estrecha que lleva a la Vida; y muchos los que lo hacen por la ancha, que lleva a la perdición. No seamos ingenuos. ¡Con qué claridad y seriedad nos habla el Señor! Démosle gracias −siempre y en todo lugar-- y pidámosle que nos ayude a poner en práctica sus palabras, porque no es suficiente con escucharlas.

★★★**Lc** 6, 37-38: no juzgar, no condenar, no ser superior al maestro; **Lc** 6,41-42: no veamos la paja en el ojo del hermano…;**Lc** recoge el Padre Nuestro en 11,2-4; **Lc** 11,9-13: pedid, llamad, buscad el E.S.; **Lc** 11,34-36: importancia del dominio de los ojos; **Lc** 12,23-24: no nos angustiemos por nuestra vida terrenal, que es sólo un pasaje para la eterna y gloriosa. Por eso la misma Palabra de Dios nos dice que son nada los sufrimientos de aquí comparados con la gloria que nos espera. ¡Ánimo!.

Conclusión: Esta es la enseñanza y la vida de Jesús. (Mt 7,28-29; 11,1; 13,53; 19,1; 26,1)

JESÚS SANA: EL REINO PRESENTE:

Jesús cura a un leproso (Mt 8,1-4) *Se le acercó un leproso, se puso de rodillas ante Jesús y le dijo: Señor, si quieres puedes limpiarme. Jesús extendió la mano, lo tocó y dijo: Quiero, queda limpio… Mira, no se lo digas a nadie; pero, anda, muéstrate al sacerdote y presenta la ofrenda que ordenó Moisés, para que les conste tu curación.*

(Mc 1,40-45) repite que tocó al leproso; y recoge también lo de no decírselo a nadie, pero sí entregar la ofrenda.

(Lc 5,12-16) dice asimismo que lo tocó y le mandó cumplir con lo que ordenó Moisés.

★★★ Magnífica la enseñanza que nos da el leproso: *Si quieres, puedes curarme.* Así deberíamos pedir siempre, y no marcar al Señor lo que debe hacer. Hoy día, algunos tienen por "leprosos" a los emigrantes y evitan todo roce con ellos. La marginación tiene muchas formas y a todas ellas nos pide el Señor que "les demos la mano" en la medida de nuestras posibilidades. Dios no nos exige imposibles, pero sí quiere que demos el máximo de nuestras capacidades. Y pensemos que, si no podemos ayudar 'físicamente' a ningún marginado (en Voluntariados o dando de nuestro dinero a quienes trabajan con ellos), sí que podemos amarlos con el corazón y presentárselos al Señor en nuestras oraciones.

Cura al criado del centurión (Mt 8,5-13): *Se le acercó un centurión suplicándole: Señor, mi criado está paralítico en casa con unos dolores terribles. Jesús le respondió: Yo iré a curarlo. El centurión replicó Señor, no soy digno de que entres en mi casa; dilo solo de palabra, y mi criado quedará curado…Jesús, al oírlo, quedó admirado y dijo a los que lo seguían: Os aseguro que en Israel no he encontrado a nadie con una fe como ésta…*

★★★ Varias y muy importantes son las enseñanzas, tanto que las palabras del centurión las repetimos en todas las eucaristías. Fijémonos: 'no somos dignos'. Pero ahí no termina la enseñanza: nos sentimos invitados (*tomad y comed todos*) y no despreciamos la invitación del Señor, como no dejamos colgado al compañero que nos invita… Más de uno de los que no pertenecían al pueblo judío (hoy diríamos a la Iglesia) nos dan ejemplo ¿No es vergonzoso?...

(Lc 7,1-10): *"Os aseguro que en Israel no he encontrado a nadie con una fe como ésta; muchos del oriente… vendrán y se sentarán con Abrahán… pero los hijos del Reino serán echados a las tinieblas…*

(**Jn** 4,47-54): *Un funcionario del rey… Vete, tu hijo vive… y creyó en él con toda su casa.*

★★★ Tenemos que leer este aviso de Jesús como dicho a cada uno de nosotros y no olvidar que la idea aparece también en Lucas y Juan, como señal de su importancia.

Cura a la suegra de Pedro (Mt 8,14-15): *"Jesús la agarró de la mano y desapareció la fiebre; ella se levantó y se puso a servirle".*

★★★ Buen ejemplo también éste de la suegra de Pedro: tenemos que levantarnos de nuestras caídas y ponemos a servir a Jesús en el prójimo. Es la mejor medicina.

Jesús expulsa demonios (Mt 8, 16-17): *Al anochecer, le presentaron muchos endemoniados; con su palabra los echó… Así se cumplió lo dicho por Isaías* en 53,4.

(Mc 1,29-34): suegra y endemoniados, a los que no les dejaba hablar PORQUE LE CONOCÍAN).

(Lc 4,38-41) la suegra; *de muchos enfermos salían también los demonios, gritando: Tú eres el Hijo de Dios… no les dejaba hablar, porque sabían que él era el Mesías)*.

★★★ ¿Convencido ya de que no es suficiente para ser buen cristiano con "conocer" a Jesús? Cuenta tú, lector/a, qué otras 'cosas' son necesarias.

Condiciones para seguir a Jesús (8,18-22) *llegó un maestro de la Ley… te seguiré a dondequiera que vayas…Jesús respondió: las raposas tienen madrigueras…Otro: Señor, déjame…enterrar primero a mi padre…*

★★★ La respuesta de Jesús fue: *deja que los muertos entierren a sus muertos.* Parecen palabras duras, contra todo sentimiento humano ¿verdad? Cuando vayas madurando en la fe lo irás entendiendo. Sé valiente y dócil.

★★★ Podemos acudir a **Lucas,** en su capº 9, 49-62, para resumir las condiciones en cinco: 1ª) el Hijo no tiene dónde reclinar la cabeza, por tanto el discípulo tampoco; 2ª) sígueme y deja que los muertos entierren a sus muertos; 3ª) "El que ama a su padre, a su madre o al hijo … más que a mí, no es digno de mí; y añade: el que pone la mano en el arado y mira atrás, tampoco…; 4ª) El que no carga con su cruz … 5ª) el que quiera conservar su vida la perderá…) ¿Duras son las cinco condiciones?, ¡pero posibles, porque no contamos con sólo nuestras propias fuerzas, sino, sobre todo, con la fuerza de Dios que nos habita!. Y más adelante veremos palabras muy consoladoras (p.ej. en Mateo 10,26-32).

La tempestad calmada (8,23-27) *Jesús subió a una barca acompañado de sus discípulos. De pronto se alborotó tanto el lago que las olas saltaban por encima de la barca, pero Jesús estaba dormido. Se acercaron los discípulos y lo despertaron, diciendo: ¡Señor, sálvanos, que perecemos! Jesús les dijo: ¿Por qué tenéis miedo,* *hombre de poca fe?... asombrados decían: ¿Quién es éste que hasta el viento y el mar le obedecen?...*

(Mc 4,35-41) *¿Por qué sois tan miedosos? ¿Todavía no tenéis fe?... quedaron atemorizados...* (Lc 8, 22-25) *¿Dónde está vuestra fe? Llenos de miedo y estupor se decían...*

★★★ Aquí encontramos la focalización del problema y su solución. Fijémonos bien: el miedo nos incapacita para ver la realidad como es, nos esclaviza: lo convertimos en un ídolo.

Jesús cura a un geraseno y DIALOGA con los demonios (8, 28-34) *Fueron a su encuentro dos endemoniados... y se pusieron a gritar... ¿Has venido aquí <u>antes de tiempo</u> para atormentarnos...?*

(Mc 5,1-20) *... un hombre poseído de espíritu impuro... Déjame en paz, Jesús, hijo del Dios altísimo... Jesús le preguntó ¿cómo te llamas?... legión, pues somos muchos...*

(Lc 8,26-39) *Un hombre de la ciudad, poseído por demonios... se postró ante él y le rogaban que no les mandara volver al abismo, sino entrar en la piara de cerdos. Jesús les dijo: id... El pueblo entero salió al encuentro de Jesús y, al verlo, le rogaron que se fuera de allí.*

★★★ Es interesante captar que la presencia de Dios, también en cada uno de nosotros, produce una mezcla de temor-sobrecogimiento y atracción. Aparecen estos dos extremos con cierta frecuencia en los Evangelios.

Curación de un paralítico en una camilla = Poder en la tierra para perdonar los pecados: (Mt 9, 3-8) *algunos Maestros de la Ley dijeron: "éste blasfema". Jesús dijo: ¿qué es más fácil...?... La gente al verlo andar quedó sobrecogida y glorificó a <u>Dios, que dio tal poder a los hombres</u>.*

(Mc 2,1-12) *le trajeron entre cuatro un paralítico... levantaron la techumbre de donde Jesús estaba... todos se quedaron sobrecogidos y glorificaron a Dios.*

(Lc 5,17-26) *el paralítico se fue alabando a Dios, y todos quedaron sobrecogidos y glorificaron a Dios llenos de TEMOR diciendo: hoy hemos visto cosas maravillosas.*

*** En la Biblia se dan dos significados de "temor", uno positivo (respeto, veneración... similar al que experimentamos cuando llevamos en las manos algo muy valioso y tememos que se nos caiga y se pierda) y otro negativo (miedo). Observemos que Jesús denuncia públicamente el 'mal pensar' de algunos Maestros de la ley; y también se da aquí el contraste entre los "maestros de la Ley" y "la gente": quienes más conocían lo que se decía de Jesús en el A.T. no creen y la gente sencilla, sí.

La llamada a Leví (Mateo), pecador público (por su oficio de cobrador de impuestos) (Mt 9,9-13) *¿Por qué vuestro maestro come con pecadores y publicanos? Jesús les dijo: No tienen necesidad de médico los sanos... Id y aprended lo que significa: misericordia quiero y no sacrificios (Os 6,6); yo no he venido a llamar a los justos, sino a los pecadores.*

(Mc 2,13-17) trae todo, menos lo de la misericordia.

(Lc 5,27-32) Tampoco trae lo de la misericordia.

La cuestión del ayuno (Mt 9,14-17) *Se le acercaron los discípulos de Juan Bautista y le preguntaron ¿por qué los fariseos y nosotros ayunamos y tus discípulos no ayunan? Jesús les dijo: ¿Acaso pueden estar tristes los amigos del novio mientras él está con ellos... nadie remienda con paño nuevo un vestido viejo...; nadie echa tampoco vino nuevo en odres viejos... sino que el vino nuevo se echa en odres nuevos, y así ambos se conservan.*

(Mc 2,18-22) igual que Mateo;

(Lc 5,33-39) repite lo de Mt y Mc y añade: *nadie después de haber bebido vino añejo, quiere el nuevo.*

"Llegó un personaje importante" (Resucita a la hija de Jairo) (Mt 9,18-26) *Llegó un personaje importante, se echó a los pies de Jesús y le dijo: Mi hija acaba de morir; pero si vienes y pones tu mano sobre ella vivirá... En aquel momento una mujer, que padecía hemorragias hacía doce años, se acercó por detrás y tocó la orla de su manto... Jesús se volvió y, al verla, le dijo: ánimo, hija, tu fe te ha salvado. Y la mujer quedó curada...Jesús llegó a la casa de Jairo, y, al ver a los flautistas... les dijo: salid, que la niña no está muerta; está dormida... la agarró de la mano y la niña se levantó.*

Jesús no dejó que le acompañaran más que Pedro, Santiago y Juan

★★★Me parece importante que caigamos en la cuenta de esta frase, que encontramos en Marcos 5,37. Mateo (9,19) dice simplemente: *Jesús se fue con Jairo acompañado de sus discípulos* y en Mt 17,1-2 leemos: *Jesús tomó consigo a Pedro, Santiago y Juan, su hermano y los llevó a un monte alto a solas y se transfiguró ante ellos.* En Mt 26,36-37: *Jesús fue con los discípulos a un huerto y les dijo: quedaos aquí mientras voy a orar un poco más allá. Se llevó consigo a Pedro y a los dos hijos de Zebedeo... Quedaos aquí y velad conmigo...*

★★★Creo que la enseñanza para nosotros es aceptar que sí resulta posible ciertas preferencias (pequeños, pobres, ignorantes...), más allá del comportamiento correcto con todos.

★★★ En la versión de **Marcos** hay un versículo (Mc 5,31) que nos enseña a no pensar que podemos corregir a Jesús, porque somos más listos que él: *"Ves que la multitud te apretuja ¿y dices que quién te ha tocado?"*

"No se lo digáis a nadie" *Mirad, que nadie lo sepa. Pero ellos lo publicaron por toda la comarca".*

★★★ Son muchas las veces que se repite este 'mandato' en los Evangelios. He aquí algunas otras citas en Mateo: 8,4; 12,16; 16,20; 17,9.

★★★ De nuevo Jesús recomienda vivamente que nadie se entere en Lc 8,40-56 (resurrección de la hija de Jairo y la curación de la que toca su manto). ¿Qué hemos de aprender?: una vez más, que no hemos de tomar al pie de la letra los textos bíblicos, sino aprender a discernir y calar en lo que se nos ha querido decir con esas palabras.

También cura a dos ciegos (Mt 9,27-31): *lo siguieron dos ciegos gritando: ¡Ten compasión de nosotros... Jesús les dijo: ¿Creéis que puedo hacerlo? Sí, Señor. Les tocó los ojos...Que se cumpla según vuestra fe...*

★★★ Tengo para mí que una de las metáforas más apropiadas sobre Jesús es LA LUZ, porque la luz eléctrica nos hace el servicio de iluminarnos y en eso se va gastando... hasta morir por todos. ¿Qué sería de nosotros si no tuviéramos más luz que la de la razón humana, tantas veces contraria a la de Dios y otras veces incapaz de comprender lo que nos dice Jesús?

La curación del mudo endemoniado (Mt 9,32-34): *Mientras los dos ciegos curados por Jesús salían, le presentaron un hombre mudo endemoniado. Jesús expulsó al demonio y el mudo empezó a hablar. La gente decía maravillada: Jamás se ha visto cosa semejante en Israel. Pero los fariseos decían: Expulsa a los demonios con el poder del príncipe de los demonios.*

*** También esta curación va más allá de sí misma, es significativa: Jesús es la Palabra y nosotros tenemos que hablar, ser sus testigos. Además nos hace ver la diferencia entre 'la gente sencilla' y 'los fariseos'. ¿En cuál de los dos Grupos te encuentras tú, lector/a?

(Lc 11,14-23): *unos decían éste echa a los demonios con el poder de Belcebú… otros le pedían un milagro del cielo. Pero Jesús les dijo: Todo reino dividido contra sí mismo será desolado y cae…).*

*** Igual que Mateo, Lucas nos hace caer en la cuenta de la diferencia entre los LOS DOS GRUPOS enfrentados en su reacción ante Jesús.

(Mc 3,20-23): *Los maestros de la Ley decían: ¡Tiene a Belcebú! Y añadían: ¡Echa a los demonios con el poder del príncipe de los demonios! Jesús entonces los llamó y les propuso estas comparaciones: si un reino… si una casa… si Satanás… nadie puede entrar en la casa de un hombre fuerte… repetían: tiene un espíritu inmundo)*

(Lc 12,10): **"Tomar partido por Jesús":** *al que me confiese… lo confesaré… al que me niegue, lo negaré… cuando os lleven ante los magistrados… el E.S. os enseñará lo que debéis decir.*

***¡Cómo cambiaría nuestra vida si creyéramos –prácticamente- esta cita de Lucas!

EL ENVÍO DE LOS DISCÍPULOS:

EL REINO ANUNCIADO: (Mt 9,36-38 a 14,14)

A Jesús le duele la gente: (Mt 9,36) *al ver la gente Jesús se **conmovió** porque estaban cansados y abatidos como ovejas sin pastor* (remite al Mt 14,14 que dice: *al ver tanta gente, se **compadeció** de ella...*

Elección y Misión de los Apóstoles (Mt 10,1-15) *llamó a sus 12 discípulos, y les dio poder para echar los espíritus inmundos, curar todas las enfermedades y dolencias.* (Los nombres de los doce Apóstoles son:...) *No vayáis por tierras de paganos* (gentiles) *ni entréis en los pueblos de Samaría...*

★★★ En el A.T. vemos que las promesas fueron hechas al pueblo hebrero (a Abrahán y los Patriarcas), conferida la Alianza, dada la Ley (de Moisés) y enviados los Profetas; de este pueblo nacería el Mesías --¿por qué?: Será más tarde cuando nos mande a los discípulos a todos los pueblos, cf. Mt 18,29; Mc 16,15-16.

★★★No es bueno pedirle explicaciones a Dios ni enredarnos en nuestros pensamientos ¡tan limitados para poder alcanzar al Creador! En el A.T. se nos pone en guardia contra los pensamientos enrevesados, porque alejan de Dios.

(Mc 3,13-19): *llamó a los que Él quiso y se acercaron a Él.*

(Mc 6,7-13): *llamó a los Doce y los envió de dos en dos, dándoles poder sobre los espíritus inmundos... les ordenó que no llevasen nada para el camino... Si no os reciben, al salir de allí sacudíos el polvo... en testimonio contra ellos).*

(Lc 6,12-16): *Jesús se retiró a la montaña para orar y pasó la noche orando a Dios. Cuando llegó el día, llamó a sus discípulos, eligió doce de entre ellos y los llamó apóstoles* (=enviados).

(Lc 9,1-6): *Reunió a los Doce, les dio poder y autoridad sobre todos los demonios y de curar enfermedades, y los envió a predicar el Reino de Dios y a curar a los enfermos = 3 cosas)...*

★★★ Entre ellos figura Judas el Iscariote, el que le traicionó... No es suficiente conocer a Jesús, escuchar su palabra. Es preciso perseverar hasta el fin.

(Mc 3.13-19): designó a los Doce… para que estuvieran con él y para enviarlos a predicar con poder de echar los demonios…).

Misión con persecución: (Mt 10,16-23): *Os envío como ovejas en medio de lobos. Sed, pues, astutos… tened cuidado… PARA QUE DEIS TESTIMONIO ANTE ELLOS Y ANTE LOS PAGANOS… No os preocupéis de cómo habéis de hablar ni qué diréis… todos os aborrecerán por causa mía, pero el que persevere hasta el fin se salvará. Cuando os persigan en una ciudad huid a otra…*

★★★La enemistad entre Dios y el mundo es permanente. Vivimos el 'el mundo', pero no hemos sido enviados a seguirlo, a amoldarnos a él, sino a testimoniar a Cristo en él. No seamos ingenuos y seamos astutos, tengamos cuidado, que la fuerza del 'mundo' es similar a la del Demonio y la Carne (los tres enemigos de Dios, según el Catecismo antiguo)

(Mc 13,1-13: *Dinos cuándo sucederá eso de la destrucción de los grandes edificios. Jesús les contestó: muchos vendrán usando mi nombre y engañarán a muchos… se levantarán pueblos contra pueblos, terremotos… Mirad por vosotros mismos: os entregarán a los tribunales… Pero primero el Evangelio será anunciado a **todos** los pueblos… No hablaréis vosotros sino el Espíritu Santo… Tened cuidado, pues os lo he dicho todo de antemano.*

★★★Otra vez la Palabra nos pone en guardia, nos avisa, expresión del Amor de Dios, que no es un traidor, sino un amante de verdad.

★★★ La profecía se cumplió en el año 70, cuando Tito conquistó Jerusalén. Aquí se nos recomienda claramente a nosotros LEER LOS SIGNOS DE LOS TIEMPOS, tener cuidado y estar en vela.

(Lc 21,8-17… *no os alarméis, porque es necesario que eso suceda; pero todavía no será el fin… Se levantarán pueblos contra pueblos… pero antes os echarán mano, os perseguirán…*)

El discípulo no es más que su maestro… *le basta ser como su maestro…* (Mt 10,24-25): *El discípulo no es más que su maestro, ni el criado más que su amo… Si al cabeza de familia le han llamado Belcebú, ¡qué no dirán de los de su casa!*

(Mc 13,9–13) dice lo mismo que Mt.

(**Lc 21,12–17**): *... esto os servirá para dar testimonio. No os preocupéis de vuestra defensa, pues Yo os daré un lenguaje que... no podrán resistir ni contradecir ninguno de vuestros adversarios. Hasta vuestros padres, hermanos, parientes y amigos os entregarán e incluso harán que maten a algunos de vosotros... Con vuestra perseverancia salvaréis vuestras vidas.*

★★★¡Qué bueno que no sólo se nos da el encargo, sino que también se nos entregan las armas para poder cumplirlo!

Confiad, no temáis (Mt 10,26–33): ***No les tengáis miedo,*** *porque no hay nada tan oculto que no se llegue a descubrir... No tengáis miedo de los que matan el cuerpo, pero no pueden* **matar** *el alma; temed más bien al que puede* **perder** *el alma y el cuerpo en el fuego (¿el mundo, el demonio, la carne?)... no tengáis miedo; vosotros valéis más que una bandada de pájaros... PERO al que me niegue delante de los hombres, YO TAMBIÉN LO NEGARÉ DELANTE DE MI PADRE* (pero a Pedro que lo negó, le hizo Jefe de su Iglesia y roca)

★★★La esperanza es el antídoto contra el miedo: la primera da fuerzas para el combate; el segundo nos roba toda la fuerza.

(Lc 12,2–9): *guardaos del fermento de los fariseos, que es la hipocresía. Pues nada hay tan oculto que no se llegue a descubrir... Por eso, todo lo que hayáis dicho en las tinieblas será escuchado a la luz del día; y lo que hayáis hablado al oído en los aposentos será proclamado desde las terrazas... No tengáis miedo de los que matan el cuerpo... temed al que después de haberos matado puede echaros en el fuego... ¿No se venden cinco pájaros por unos cuartos?... vosotros valéis más que una bandada de pájaros...)*

★★★La hipocresía, el 'aparentar' lo que no somos, creer que Dios no ve incluso lo oculto nos hace mucho daño. La autoestima apoyada en el amor que Dios nos tiene aun cuando nos hemos apartado de Él es la fuerza verdadera.

Jesús, causa de división: Es valiente y claro al hablar (Mt 10,34–39): *NO PENSÉIS QUE HE VENIDO A TRAER LA PAZ A LA TIERRA, SINO ESPADA*

★★★Cuando afirmamos que "Dios quiere que seamos felices también en la tierra" hemos de tener cuidado con cómo entendemos esa felicidad, que, en efecto es querida por Dios. Pero ¿habla el Señor de la felicidad que ofrece el mundo? Claramente, no. Recordemos las palabras de Jesús: *mi paz os dejo, mi paz os doy, no como la da el mundo…* y repasemos las vidas de Jesús, María, José, Juan Bautista y tantos santos canonizados.

(Lc en 12,51-53) dice: *"He venido a traer fuego a la tierra ¡y cuánto deseo ya que arda"*; y en 14, 26-27: *si uno quiere seguirme y no deja… aun su propia vida, no puede ser discípulo mío.* (Mateo en 10,35-39) aborda estas cuatro cosas tan radicales y claras: a) *Los enemigos de cada uno son los de su propia casa: ningún profeta es acogido en su pueblo.* b) *El que ama a su padre o madre o hijo… más que a mí, no es digno de mí.* c) *El que no carga con su cruz…* d) *El que quiera conservar su vida la perderá…*

★★★ Jesús habla con claridad, no nos endulza los mensajes duros, por nuestro bien, porque nos ama y no le importa igual que nos desviemos o que le sigamos a Él que es el Camino para la Verdad y la Vida

Recompensa a quien lo recibe (Mt10,40-42)**:** *El que os recibe a vosotros me recibe a mí, y quien me recibe a mí recibe a quien me ha enviado… el que recibe a un justo por ser justo recibirá RECOMPENSA de justo.*

(Mc 9, 37-41) añade: *El que acoge a uno de estos pequeños, me acoge a mí… Juan dijo a Jesús: hemos visto a uno que echaba demonios en tu nombre y se lo hemos prohibido porque no es de los nuestros. Jesús dijo: no se lo prohibáis… El que no está contra nosotros está a nuestro favor. El que os dé de beber un vaso de agua porque sois del Mesías, os aseguro que no se quedará sin recompensa….*

(Lc 10,16): *el que os escucha a vosotros me escucha a mí…*

★★★ ¡Qué enseñanzas más importantes!: 1ª) recibir, acoger a Cristo es hacerlo con el Padre y el Espíritu Santo, porque son un solo Dios. 2ª) no seamos 'capillitas" y no pongamos barreras a Dios, que nos ha creado y redimido a todos y nos ha enseñado a decir "Padre nuestro"; pero no nos va a violentar, nos quiere libres y entregados de corazón. 3ª) Seamos generosos, como Jesús, que recompensará hasta un vaso de agua dado.

Conclusión del 2° discurso (11, 1); la fórmula se repite en: 7,28; 13,53; 19,1; 26,1.

JESÚS ES RECHAZADO. EL REINO SUSCITA OPOSICIÓN:

ACTITUDES FRENTE A JESÚS:

Los mensajeros de Juan Bautista (11,2-6) *Juan Bautista envió a sus discípulos a preguntarle a Jesús ¿Eres tú el que ha de venir? Jesús les respondió: "id a contar a Juan lo que habéis visto y oído: los ciegos ven, los cojos andan, los leprosos quedan limpios, los sordos oyen, los muertos resucitan y se anuncia el evangelio de los pobres (Is 26,19; 29,18-19; 35,5-6; 61,1) ¡Dichoso el que no se escandalice de mí!*

(Lc 7,18-23) Juan Bautista llamó a dos de sus discípulos y los mandó al Señor a preguntarle…

★★★ Más enseñanzas grandes: 1ª) **Ver** y **oír** es muy importante. La fe comporta "experiencia", no sólo conocimiento abstracto, disecado en los libros. Por eso hoy día hay algunos que se han atrevido a decir: *el Catecismo está cargándose el Evangelio.* Tenemos que mantener vivas las actitudes y las palabras de Jesús, porque la Biblia no es un libro de historias pasadas, sino un libro vivo, que da vida, que nos enseña a seguir cambiando, seguir vivos. ¡Cuidado con no atarnos a las 'fórmulas': *"la letra mata, el espíritu da vida"!* 2ª) Tenemos que meternos en las narraciones y discurso de la vida para **ver** y **oír** lo que en ellos se nos dice hoy **a cada uno de nosotros.** 3ª) Seremos dichosos si no nos escandalizamos de Cristo, si no ponemos barrera ni límite a su poder. ¡Cuidemos mucho nuestra fe, que con frecuencia se escandaliza de <el Señor> y otras veces se olvida de Él.

Jesús elogia a Juan (Mt 11,7-15) *"… Os aseguro que no ha nacido de mujer nadie mayor que Juan Bautista, pero el más pequeño en el Reino de los Cielos es mayor que él… ¡El que tenga oídos que oiga!*

(Lc 7,24-35) lo mismo que Mt.

★★★ Debemos aprender a elogiar a los otros en vida. Y no nos escandalicemos por la alabanza de Jesús a Juan Bautista. Alabar no es comparar, no es crear 'competencia'. Digo esto porque a alguno le puede parecer que la expresión de Jesús 'disminuye' a su Madre María, que también fue 'nacida de mujer'.

Jesús (se) lamenta (de) la terquedad de su pueblo (Mt 11,16-19)
¿Con quién compararé esta generación? … vino Juan que ni comía ni bebía, y dicen: tiene un demonio. Ha venido el Hijo del Hombre que come y bebe y dicen: éste es un comilón y un borracho, amigo de publicanos y pecadores. Pero la sabiduría ha quedado acreditada con sus obras.

★★★ Si nos fijamos, sus enemigos en el mismo insulto están diciendo una cosa buena de Jesús: ha venido a perdonar, a buscar la oveja perdida.

★★★Mateo estaba lejos de las filosofías que despreciaban el cuerpo, la materia y las cosas de este mundo. Sin embargo, ***esos dualismos malsanos llegaron a tener una importante influencia en algunos pensadores cristianos a lo largo de la historia y desfiguraron el Evangelio***. Jesús trabajaba con sus manos, tomando contacto cotidiano con la materia creada por Dios para darle forma con su habilidad de artesano. Llama la atención que la mayor parte de su vida fue consagrada a esa tarea, en una existencia sencilla que no despertaba admiración alguna: «¿No es éste el carpintero, el hijo de María?» (Mc 6, 3): Así santificó el trabajo y le otorgó un peculiar valor para nuestra maduración. San Juan Pablo II enseñaba que, «soportando la fatiga del trabajo en unión con Cristo crucificado por nosotros, el hombre colabora en cierto modo con el Hijo de Dios en la redención de la humanidad».

Lamento sobre Corozaín, Betsaida y Cafarnaún (Mt 11,20-24): *Se puso entonces a **recriminar** a las ciudades donde había hecho la mayoría de sus milagros, porque <u>no se habían convertido</u> (para esto eran los milagros)… Pero os digo que el día del juicio <u>será más llevadero</u> para Sodoma que para ti.*

★★★ ¿Qué indica este 'será más llevadero'? ¿Se salvarán también ellas?

(Lc 10,13-15) dice lo mismo que Mt y añade: *El que os escucha a vosotros, me escucha a mí y el que os rechaza, me rechaza a mí)*

El Reino, revelado a los pequeños (=sencillos de corazón) (Mt 11, 25-30): *Nadie conoce al Padre sino el Hijo y aquel a quien el Hijo se lo quiera manifestar. Venid a mí **todos** los que estáis cansados y agobiados, que yo os aliviaré. Cargad con mi yugo y APRENDED DE MÍ que soy sencillo y humilde de corazón... porque...*

★★★ Dos cosas a señalar: ni podemos tomar al pie de la letra "pequeños en edad"; ni pensar que Jesús quiere manifestar su Reino a unos sí y a otros no. Lo quiere a todos, pero no todos respondemos...

(En Lc 10,21-24) leemos: *en aquel momento, lleno de gozo <u>bajo la acción del E.S.</u>, dijo: Yo te alabo, Padre... porque has ocultado a los sabios y entendidos estas cosas y se las has revelado a los sencillos (pequeños)... Y les dijo a los discípulos: "Dichosos los ojos que ven lo que vosotros veis...muchos profetas y reyes quisieron verlo...")*

★★★¿Qué nos dice este pasaje?: que es a Jesús a quien tenemos que acudir cuando estamos cansados y agobiados. Él se ha hecho hombre para enseñarnos *("aprended de mí")*. Hemos de ser sencillos y humildes de corazón porque Él lo fue. El corazón para la Biblia es el motor del ser humano, no la cabeza. Sencillo y humilde es equivalente a "manso" (=quien no responde con violencia a la violencia sufrida).

Regreso de los 72 (sólo lo podemos leer en Lucas 10,17-20): *Señor, hasta los demonios se nos someten en tu nombre. Jesús les contestó: os he dado poder... no os alegréis de que los espíritus os estén sometidos... más bien de que vuestros nombres estén escritos en el cielo.*

LA LEY, AL SERVICIO DE LA PERSONA (Mt 12,1-8)... *Los discípulos comenzaron a cortar espigas en sábado (hambre, pobreza)... Los fariseos le dijeron a Jesús: Mira, tus discípulos hacen lo que no está permitido hacer en sábado. Él les respondió —citando a David y los sacerdotes-... Si hubierais aprendido: Misericordia quiero y no sacrificios (Os 6,6 y 1° Sam 15,22)... El Hijo del Hombre es Señor del sábado.*

(Mc 2,23-28): *Los fariseos le dijeron a Jesús: ¿por qué hacen en sábado lo que no está permitido? Jesús les respondió: ¿No habéis leído lo que hizo David cuando tuvo necesidad...?. El sábado ha sido hecho para el hombre y no al revés...).*

★★★Si no llegamos a sabernos y sentirnos libres, no seremos auténticos hijos de Dios. Pero al mismo tiempo hemos de ser conscientes que el uso que hagamos de la libertad es una responsabilidad. Por eso podemos hablar de libertad verdadera y falsa, acertada y equivocada. Refugiarnos en la ley y caer en el cumplo-y-miento no nos hace discípulos de Cristo.

Una curación en sábado (Mt 12,9-14):… *Había en la sinagoga un hombre que tenía seca una mano, y los que buscaban un motivo para acusar a Jesús le hicieron esta pregunta: ¿Está permitido curar en sábado? Jesús les contestó ¿quién de vosotros que tenga una sola oveja, si cae en un hoyo en día de sábado no le echa una mano y la saca?… Pero los fariseos se pusieron a planear el modo de acabar con él.*

★★★ DOS enseñanzas podemos sacar: 1ª) Jesús nos "libera" de la Ley al pie de la letra rompiéndola él; mientras que los fariseos anteponen la Ley literalmente a la libertad y felicidad del hombre. 2ª) Hacer el bien está delante de cualquier otra cosa.

★★★ *Al enterarse Jesús **se alejó de allí**=* no les hizo frente con prepotencia, les contestó con las obras: *"le siguieron muchos y los curó a todos"* = Oídos sordos ante palabras necias*; "Así se cumplió lo anunciado por Is 42,1-4"*

(Mc 3,1-6: *estaban acechando para ver si curaba en sábado, para acusarlo… Jesús les dijo ¿Está permitido en sábado hacer el bien? Entonces, MIRÁNDOLOS INDIGNADO Y APENADO POR LA DUREZA DE SU CORAZÓN… los fariseos salieron y con los herodianos tomaron la resolución de acabar con él.*

★★★(Lc 6,6-11): nos habla de <indignación>, un sentimiento humano más, que nos confirma la humanidad de Jesús. Pero no echemos balones fuera: los de 'corazón duro' somos cada uno de nosotros en tantas ocasiones, no sólo los fariseos y herodianos del tiempo de Cristo.

Jesús, siervo de Dios (Mt 12,15-21) *Jesús se enteró y se alejó de allí, encargándoles severamente que no lo publicasen. Así se cumplió lo anunciado por el Profeta Is 42,1-4: no gritará ni peleará, no voceará por las calles. La caña cascada no la quebrará…*

★★★ Así es Jesús y así podemos ser nosotros, porque Él nos da el ejemplo y la fuerza.

CONTROVERSIA SOBRE EL PODER DE JESÚS (Mt 12,22-37): *Todo el pueblo, asombrado, decía ¿No es éste el Hijo de David? Pero los fariseos, al oírlo, dijeron: echa los demonios con el poder de Belcebú. Jesús les dijo: … ¿con qué poder los echan vuestros hijos?... Si Yo los echo con el Espíritu de Dios, es señal de que ha llegado a vosotros el Reino… A los hombres… no se les perdonará la blasfemia contra el Espíritu…*

★★★ Ante quien no quiere creer no vale ningún argumento: ni ve, ni oye, y lo que capta lo interpreta mal.

INSULTOS DE JESÚS: (Mt 12,34-37)… El árbol se conoce por su fruto. "¡Raza de víboras! *¿Cómo podéis vosotros hablar de cosas buenas, siendo malvados? Porque de lo que rebosa el corazón habla la boca. La persona buena, de su bondad saca buenas cosas; y la mala de su maldad saca cosas malas… Por tus palabras serás absuelto y por tus palabras serás condenado.*

★★★ Son muchas las expresiones de Jesús que nosotros llamaríamos, desde nuestra cultura, ofensivas, de mala educación. De hecho podríamos citar en **Mateo**: 11,20-24; 12,34; 12,39.45b; 14,31; 15,14; 15,22 (no contesta a la cananea); 15,25-28; 16,4; 16,9; 16,11; 16,21-23; 17,17; 21, 12-13; 21,24-27; 23,13.15.25.27-28.31-32.34; 23,16-17. ¿Qué otra interpretación le podríamos dar?: ¿sinceridad?...

★★★ El bien y el mal no están en las cosas, sino en el corazón de la persona, de donde sale a la boca o/y los hechos, ¡cuánta responsabilidad!

(Mc 3,20-30): *los suyos salieron para llevárselo con ellos, pues decían que estaba trastornado. Los maestros de la Ley…decían: Tiene a Belcebú… echa los demonios con el poder del príncipe de los demonios.*

(Lc 11,14-23): *… pero Jesús les dijo: Todo reino dividido… Si yo los echo con el poder de Dios es señal de que el Reino ha llegado a vosotros… Cuando el espíritu inmundo sale de un hombre…trae consigo otros siete…;* (Lc 12,10): *al que me niegue delante de los hombres, yo lo negaré…*

★★★¿No es verdad que más de una vez hemos llamado 'locos' a los protagonistas de esas noticias televisivas que nos parecen tan malas o absurdas? Y a lo mejor a cada uno de nosotros también nos han llamado locos cuando hemos hecho una propuesta algo rara para quien nos está escuchando.

Le piden un signo milagroso: (Mt 12,38-42) (Mc 8,11-12; Lc 11,29-32) *Maestros de la Ley y algunos fariseos le dijeron: "Maestro, queremos verte hacer una señal milagrosa…* Piden con educación, pero con corazón torcido; y Él respondió con 'insultos': *"Esta generación MALVADA Y ADÚLTERA* (=que adultera las palabras) *pide una señal y NO SE LE DARÁ OTRA QUE LA DE JONÁS… el Hijo del Hombre estará tres días y tres noches en el corazón de la tierra… La reina del sur se levantará en el día del juicio… aquí hay alguien que es más que Salomón* (aparece dos veces en Mt 12,41b-42b).

★★★¡Atención! Recordemos que somos 'siervos' y no pretendamos mandar en 'el Señor'. Que nuestras peticiones sean hechas con humildad.

Retorno del espíritu inmundo (Mt 12, 43-45)**:** *cuando el espíritu impuro sale de una persona… trae consigo otro siete peores… Eso sucederá también a esta generación MALVADA* (3ª vez).

★★★ Podemos interpretar que hace referencia a las recaídas.

La familia de Jesús (Mt 12,46-50)… *¿Quién es mi madre y quiénes son mis hermanos? Y extendiendo las manos hacia sus discípulos dijo: Estos son mi madre y mis hermanos. El que hace la voluntad de mi Padre celestial, ese es mi hermano, mi hermana y mi madre.*

★★★ Enseñanza: tú y yo somos familia de Jesús, lo cual nos comporta cuidar de Él, obedecerle y sentirnos hermanos de todas las personas, porque tenemos un mismo Padre y un mismo Redentor.

EL REINO CRECE:

Les habla en parábolas (Mt 13, 1-3):… *Les expuso muchas cosas en parábolas.*

(Mc 4,1-2: *les enseñaba muchas cosas en parábolas*).

(Lc 8,4: *él les dijo esta parábola del sembrador...*)...

★★★Hemos de recordar que las parábolas son 'semejanzas', no fotografías exactas.

Razón de las parábolas (Mt 13,10-17) *Los discípulos le preguntaron: ¿Por qué* **les** *hablas en parábolas? Él les respondió:... al que tiene se le dará... pero al que no tiene, aun lo que tiene se le quitará... porque miran y no ven; escuchan y no oyen ni entienden. Así se cumple en ellos la profecía* de Is 6, 9-10 *"porque la mente de este pueblo está embotada. Tienen tapados los oídos y los ojos cerrados... para no convertirse a mí para que yo los cure".*

(Mc 4,10-12), (Lc 8,9-10)

★★★ La causa de este 'embotamiento' no la tiene Jesús, sino la persona; al revés de lo que ocurre con la gracia y los dones. Es aparentemente un tanto enigmática la frase, pero si la profundizamos, llegamos a entenderla: el que tiene fe abundante todo lo que sucede en su vida le aumenta la fe; mientras que el no creyente nada lo ve desde la óptica de la fe.

Explicación de la Parábola del sembrador (Mt 13, 18-23) *Salió el sembrador a sembrar... ¡El que tenga oídos que oiga!...*

(Lc 8,4-15): *la semilla es la Palabra de Dios; la de junto al camino son los que la oyen, pero viene el diablo y se la lleva... los del pedregal la aceptan con alegría, pero no tienen raíz...; los de entre zarzas, la escuchan pero luego se ahogan entre preocupaciones, riquezas y placeres de la vida y no llegan a la madurez; y la tierra buena son los que escuchan la palabra con corazón bueno y generoso, la conservan y por su constancia dan fruto.*

★★★¡Qué claro queda aquí el pensamiento de Jesús!: escuchar (acoger con deseo de poner la palabra en práctica) + corazón (no cerebro) bueno y generoso + conservar la Palabra (no olvidarse ni darla por cumplida ya) + constancia + **dar fruto.** Son cinco los sumandos, para que nos salga la cuenta.

(Mc 4,13-20 como en Mat); (Lc 8, 11-15 como Mt y Mc)

Explicación de la parábola de la cizaña: (Mt 13,36-43) *Los discípulos le pidieron que les explicara la parábola de la cizaña; él lo hizo: "un hombre sembró buena semilla* (el Hijo del Hombre: v. 37). *El campo es el mundo (v. 38). El enemigo que la siembra es el diablo. La siega es el fin del mundo (v. 40)…*

(Ni Marcos ni Lucas traen la parábola de la cizaña).

★★★El 'fin del mundo' no coincide con la muerte de cada uno de nosotros, sino con la de los últimos pobladores de la tierra.

La semilla de mostaza y la levadura (Mt 13,31-36): *La mostaza es la más pequeña de las semillas; pero cuando crece es la mayor de las hortalizas.-* **La levadura** (13,33): *fermenta toda la masa*

★★★ Valor de lo pequeño, para que no nos excusemos con que somos "poca cosa" y la necesidad (responsabilidad nuestra) de hacer crecer, con esfuerzo y constancia, la semilla recibida gratuitamente: fe, esperanza y amor. Las dos primeras son sólo para esta vida terrenal. El amor se vivirá plenamente en el cielo).

El tesoro y la perla (13,44-46) *el que encuentra el tesoro vende todo lo que tiene* (vida del mundo, mentalidad propia, proyectos…) *y compra el campo. Los que son causa de pecado y todos los agentes de injusticia serán echados al horno ardiente… los justos resplandecerán como el sol en el Reino. ¡El que tenga oídos que oiga!*

★★★ Esta vez es el mismo Jesús quien nos ha dicho la enseñanza ¿qué final queremos cada uno: el horno ardiente o el resplandor celestial?

★★★ Y hace lo mismo con **la perla** de gran valor (la Vida Nueva):… *vende todo lo que tiene y la compra.*

La red: (Mt 13,47-50) *coge peces de todos los tamaños, pero los pescadores seleccionan los 'justos' de entre los malos, y éstos irán al horno de fuego.*

Conclusión (Mt 7,28; 11,1; 19,1; 26,1)

Pero al final es Jesús quien pregunta (Mt 13,51-53): *"¿Habéis entendido todo esto?". Ellos dijeron ¡sí! Y Jesús les dijo: el padre de familia saca de su tesoro cosas nuevas y viejas.*

★★★ Parece que tendríamos que aprender a vivir de lo nuevo y de lo viejo simultáneamente, porque ni todo lo viejo es mejor que lo nuevo, ni todo lo nuevo es siempre mejor que lo viejo. Toda la vida, incluida la vida de la FE es un equilibrio entre ambos extremos. En la Biblia se ve claramente este equilibrio de opuestos.

EL REINO Y LA IGLESIA:

Jesús rechazado en Nazaret (Mt 13, 54-58): *Se fue a su tierra y se puso a enseñar. La gente, asombrada, decía... ¿No es éste el hijo del carpintero? ¿de dónde le viene la sabiduría y esos prodigios?... Y aquello les parecía un escándalo. Pero Jesús les dijo: Sólo en su tierra y en su casa desprecian al profeta. Y no hizo allí muchos milagros por su falta de fe.*

★★★ El conocer los orígenes de Jesús les impedía creerlo; como a nosotros nos puede estorbar el saberlo "Dios". Hemos de fijarnos más aún en su naturaleza humana, porque esto es lo que podemos y, por tanto debemos, imitar. Conocer y fe son dos realidades distintas, pero ambas realidades se necesitan mutuamente.

(Mc 6,1-6): *¿de dónde le viene a éste todo eso... Y se escandalizaban de él*

★★★ PELIGRO del conocimiento que no está fundado en la experiencia; *Sólo en su tierra desprecian al profeta.*

(Lc 4,16-30): *Llegó A Nazaret, donde se había criado. El sábado entró, según su costumbre, en la sinagoga y se levantó a leer... encontró el pasaje en el que está escrito: El Espíritu del Señor está sobre mí –profecía de Is 61,1-2 y 58,6) Enrolló el libro y se sentó... HOY se cumple entre vosotros esta Escritura... Lo que hemos oído que has hecho en Cafarnaún, hazlo aquí... se llenaron de ira... lo llevaron para despeñarlo. Pero Jesús pasó por en medio de todos y se fue.*

★★★ Jesús muestra aquí su valentía, como debemos hacer nosotros cuando haga falta ¿VALENTÍA para comunicar lo que vamos experimentando de Él?

Opinión de Herodes sobre Jesús y muerte del Bautista (Mt 14,1-12): *La fama de Jesús llegó a oídos de Herodes, que decía: es Juan Bautista a quien yo mandé cortar la cabeza…*

(Mc 6,14-29: *Herodes respetaba a Juan Bautista, pues reconocía que era un hombre recto y justo y Herodías lo odiaba y quería matarlo… "llegó el día oportuno…"*

★★★ Fue por la 'carambola' de la promesa de Herodes a la hija de Herodías tras el baile en su presencia. Las 'carambolas' funcionan también en nuestra vida; en realidad lo que ocurre es que todas las decisiones que tomamos y acciones que realizamos tienen sus consecuencias. Dios no nos mueve como si fuéramos muñecos, sino que a toda la creación les dio unas leyes y las respeta. El caso de las personas es más complejo, porque somos los únicos que tenemos libertad y, por tanto responsabilidad.

PRIMERA MULTIPLICACIÓN DE LOS PANES

(Mt 14,13-21): *Jesús al ver tanta gente, se compadeció de ellos y curó a sus enfermos…Al caer el día, sus discípulos le dijeron… despide a la gente para que vaya a las aldeas a comprarse algo de comer. Jesús les dijo…dadles vosotros de comer. Ellos le dijeron: sólo tenemos aquí cinco panes y dos peces. Él dijo: Traédmelos. Mandó que la gente se echase sobre la hierba, tomó los cinco panes y los dos peces y los bendijo; partió los panes y se los dio a los discípulos para que se los distribuyeran a la gente. Todos comieron y se hartaron; y se recogieron doce canastos llenos de las sobras. Los que comieron eran unos cinco mil hombres, sin contar mujeres y niños.*

★★★ ¡Mucho ojo!: los discípulos no valoraron lo poco que tenían y Jesús NOS demostró que con lo poco, entregado a él, se puede hacer milagros. No tenemos excusa, pues. Y cuidemos de no malgastar: recojamos siempre las sobras.

(Mc 6, 30-44) como Mt.

(Lc 9,9-17) como Mt y Mc.

(Jn 6,1-14): *Jesús alzó los ojos, y, al ver tanta gente, dijo a Felipe: ¿Dónde compraremos panes para que coman todos estos? Lo decía para probarlo, pues Él sabía lo que iba a hacer. Felipe le contestó: el sueldo de un año no bastaría para que cada uno de ellos comiera un poco...*

★★★ La idea de que Dios nos prueba aparece varias veces en las Escrituras. En otro apartado de este libro lo vamos a comprobar. En esta ocasión suena más a broma que a prueba.

Jesús camina sobre el agua (Mt 14,22-33):... *Después de la primera multiplicación de los panes mandó a los discípulos a que se embarcaran y se le adelantaran rumbo a la otra orilla, mientras él despedía a la gente. Una vez que despidió la barca, subió al monte, a solas, para orar... Mientras, la barca... batida por las olas... Jesús se dirigió a ellos andando sobre el lago. Los discípulos se asustaron y decían: ¡Es un fantasma!... se pusieron a gritar llenos de miedo... Jesús les dijo: Tranquilizaos. Soy yo, no temáis.* **Pedro** *le respondió: Si eres tú, mándame ir a ti sobre las aguas... ¡Ven!... fue...PERO al ver la fuerza del viento se asustó... ¡Sálvame, Señor! Jesús le tendió la mano y le dijo:* **hombre de poca fe, ¿por qué has dudado?...** *los que estaban en la barca se postraron... diciendo: Verdaderamente tú eres el Hijo de Dios.*

★★★ ¿Somos de poca fe?, ¿dudamos y nos hundimos?, ¿Nos parece a veces Jesús un fantasma?... Me resulta curioso que de Pedro se recojan más 'meteduras de pata' –siendo el <jefe, la roca de la Iglesia>-- que de ningún otro Apóstol ¿querrá el Señor enseñarnos que Él recicla nuestras debilidades?... ¿Lo creemos?

(Mc 6,47-53): *Al caer la tarde, la barca estaba en medio del lago y Jesús solo en tierra Al verlos navegar fatigados, pues tenían viento contrario, fue a ellos... creyeron que era un fantasma... Jesús les dijo: Tranquilizaos, soy yo... no salían de su asombro.* (Marcos no recoge lo de Pedro);

(Jn 6,16-21): *Había ya oscurecido y Jesús no se había juntado con ellos en la barca... Vieron a Jesús que caminaba sobre el mar y se asustaron... Quisieron recogerlo en la barca y al instante tocó tierra* (Juan tampoco recoge lo de Pedro)...

★★★

Curaciones en Genesaret (Mt 14,34-36: *Las gentes del lugar le reconocieron… y le suplicaba que les dejase tan sólo <u>tocar</u> la orla de su manto* (como la hemorroísa)

(Mc 6, 53-56: *…ponían a los enfermos en las plazas y le pedían que les dejase <u>tocar</u> al menos la orla de su manto; y todos los que lo tocaban quedaban curados…*)

★★★ ¡Qué importante es este "tocar" a Jesús y él al enfermo! Aprendamos que no es suficiente un rezo de memoria, sin que salga cada palabra del corazón; y que lo que hace crecer a la fe es el diálogo espontáneo con el Señor: contarle mis errores, mis aciertos, mis gozos y mis tristezas…; que nuestro encuentro con el Señor sea siempre con toda nuestra realidad humana.

La Ley de Dios y las prescripciones farisaicas (Mt 15,1-20) *unos fariseos y maestros de la Ley dijeron a Jesús ¿por qué tus discípulos quebrantan las tradiciones…y no se lavan las manos al comer? Jesús les respondió: ¿Cómo es que vosotros mismos desobedecéis el mandato de Dios: 'honra a tu padre y madre (Ex 20,12; Dt 5,16) y el que maldiga a su padre y a su madre será reo de muerte' (Ex 21,17; Lev 20,9)… Así habéis anulado el mandato de Dios con vuestra tradición. ¡**Hipócritas**! Bien profetizó Isaías de vosotros: Is 29,13; Sal 78,36-37.-*

(Mc 7,1-13 lo mismo que Mt).

★★★ Estoy convencido de que recapacitar sobre los insultos que Jesús pronuncia nos puede liberar de algunos escrúpulos. Por eso los destaco.

Lo que sale de la boca procede del corazón y mancha (Mt 15,10-20: *Llamó Jesús a la gente y les dijo: Escuchad atentamente. No mancha al hombre lo que entra por la boca, sino lo que sale de la boca. Entonces los discípulos se le acercaron y le dijeron: ¿sabes que los fariseos **se han SENTIDO OFENDIDOS** al oír tus palabras? Jesús respondió…Toda planta que no ha plantado mi Padre será arrancada de raíz. Dejadlos; son ciegos, guías de ciegos… Pedro tomó la palabra y dijo: Explícanos esa parábola. Jesús dijo: ¿Pero tampoco vosotros entendéis? ¿No sabéis que todo lo que entra por la boca va al vientre? PERO **lo que sale de la boca procede del CORAZÓN y eso es lo que***

mancha. *Porque del corazón provienen los malos pensamientos, homicidios, adulterios, fornicaciones, robos, falsos testimonios, blasfemias... Eso es lo que mancha al hombre; pero comer con las manos sin lavar no mancha al hombre.*

★★★ Esto también sirve para la Iglesia de hoy = el Catecismo ha matado el Evangelio; El problema de las parábolas es que quienes las oigan o lean sepan aplicarlas a su situación, porque a nadie le gusta acusarse a sí mismo; y no las tomen como cosas que se dicen para otros. También nosotros somos "hipócritas" a veces. Y tan ritualistas que damos más importancia a un mero rito que a un adulterio...

Jesús cura a la hija de una cananea (Mt15, 21-28) *Una mujer cananea, que había salido de aquel territorio, gritaba diciendo: ¡Ten compasión de mí, Señor, Hijo de David! Mi hija está malamente atormentada por un demonio!* **Pero Jesús no le respondió palabra.** *Sus discípulos le dijeron a Jesús.: Despídela porque viene gritando detrás de nosotros. Jesús respondió:* **no he sido enviado nada más que a las ovejas perdidas de la casa de Israel.** *PERO ella se puso de rodillas ante él y le suplicó: ¡Señor, ayúdame! Él respondió: No está bien quitarles el pan a los hijos para echárselo a los perros. Ella dijo: Es cierto, Señor, PERO también los perros comen las migajas que caen de la mesa de sus amos. Entonces Jesús le respondió: Mujer* (lo mismo que a su Madre en la Cruz) *¡qué grande es tu fe! Que te suceda lo que pides. Y desde aquel momento su hija quedó curada.*

★★★ Puede parecernos un gesto de mala educación que Jesús no le respondiera a su petición inicial, pero no es más que una de las muchas <pruebas> que el Señor nos hace a sus discípulos. Recordemos la más grave cuando le pidió a Abrahán que le sacrificara su hijo, el hijo de la promesa.

★★★ La insistencia en la súplica y su fruto se ven claramente en este largo diálogo, en el que Jesús empieza obedeciendo al Padre *(no he sido enviado nada más que a las ovejas perdidas de la casa de Israel)* y termina 'rompiendo' la obediencia. Vence en Él la misericordia.

★★★ Fijémonos que la cananea usa la expresión: "Señor, **ayúdame**". Así debería ser siempre nuestras peticiones, porque hemos de ser conscientes de que Dios no hace generalmente nada que nosotros debamos hacer –porque podemos-. Él, en cambio, siempre está dispuesto a **ayudar**.

Observemos también que los discípulos estaban en la onda 'humana' y pretendían darle órdenes al Señor… como nosotros cuando pedimos con exigencias.

(Mc 7,24-30: *Entró en una casa y no quería que se supiera, sin embargo no pudo pasar inadvertido, pues en cuanto una mujer, cuya hija tenía un espíritu impuro, oyó hablar de Jesús, fue y se postró a sus pies… Deja que primero se sacien los hijos… pero también los perros… ya ha salido de tu hija el demonio*)

Curaciones al lago (Mt 15,29-31)…*Subió al monte y se sentó. Se le acercó mucha gente que llevaba cojos, ciegos, sordos, mancos y otros muchos enfermos. Los pusieron a sus pies y Él los curó. La gente se maravillaba al ver… las curaciones. Y alabaron al Dios de Israel*

*** ¡ojo: alabaron al Dios de Israel! La alabanza junto con la acción de gracias y la bendición son las tres actitudes (si es que no son la misma y única) del creyente. Sin embargo, nosotros acudimos más a la petición. Recordemos que en los Prefacios de la Eucaristía se nos dice: *En verdad es <u>justo</u> y <u>necesario</u>, es <u>nuestro deber y salvación</u> darte gracias <u>siempre y en todo lugar</u>, Señor, Padre santo, Dios todopoderoso y eterno, <u>por Cristo</u>, <u>Señor nuestro</u>.* Sopesemos cada una de las palabras y pongámoslas en práctica: siempre y en todo lugar.

SEGUNDA MULTIPLICACIÓN DE LOS PANES:

(Mt 15,32-39) *Jesús dijo: me conmueve esta gente… no quiero despedirlos en ayunas* (se repite lo de la 1ª, en 14,13-21);

(Mc 8,1-10: *¿De dónde podremos sacar pan para todos, aquí en un despoblado) ¿Cuántos panes tenéis?: siete… Se recogieron siete espuertas de las sobras. Eran como unos 4.000…*

Piden a Jesús una señal del cielo (Mt 16,1-4) *Fariseos y saduceos se le acercaron <u>con la intención de tenderle una trampa</u> y le pidieron una señal del cielo. Él les respondió: Por la tarde decís: Hará buen tiempo porque el cielo está rojizo. Esta generación **MALVADA E INFIEL**, pide una señal, pero no se le dará sino el signo de Jonás. **Sin más los dejó y se fue.**

★★★ ¿Mala educación por parte de Jesús? En Mt 12,38-40 aparece esta expresión: "generación malvada y adúltera"; y en el v. 45: "generación malvada". Se ve que se les quedaron gravadas semejantes palabras de Jesús.

(Mc 8,11-13: *Los fariseos… para tentarlo le pidieron una señal del cielo. Jesús, dando un profundo suspiro, dijo: ¿Para qué pedirá esta generación una señal?… Los dejó y se embarcó de nuevo rumbo a la otra orilla*).

(Lc 11,16: *Otros, para probarlo, le pedían un milagro del cielo. Pero él, conociendo sus pensamientos les dijo: todo reino dividido contra sí mismo será desolado. Si Satanás se divide contra sí mismo, ¿cómo podrá subsistir su reino? …*)

La levadura de los fariseos y saduceos (Mt 16,5-12) *Cuando los discípulos pasaron a la otra orilla se olvidaron de llevar pan. Jesús les dijo: Tened mucho cuidado con la levadura de los fariseos y saduceos…Jesús, dándose cuenta les dijo: ¿por qué habláis de que no tenéis pan? ¡Hombres de poca fe! ¿No os acordáis ya de cuando repartí cinco panes para 5.000 hombres?*

★★★ Otra vez, en esta ocasión, llama a los discípulos "hombres de poca fe". Y nos quiere enseñar a nosotros la importancia para crecer y afianzarnos en la fe la palabra RECORDAR (= dar vueltas en el corazón a las palabras y actitudes de Jesús, como María), las maravillas, que el Señor va haciendo en nosotros y en los otros por nuestra mediación.

(Mc 8,14-21: *Acababa de expulsar a un demonio que había dejado mudo a un hombre… la gente se quedó asombrada, pero algunos dijeron: echa a los demonios con el poder de Belcebú…*)

CONFESIÓN DE FE DE PEDRO

(Mt 16,13-20) *Jesús preguntó a sus discípulos ¿quién dice la gente que es el Hijo del Hombre?… unos, que Juan el Bautista; otros, que Elías; otros, que Jeremías o uno de los profetas. Y vosotros, ¿quién decís que soy yo?* **Simón** *tomó la palabra… Tú eres el Mesías… Jesús le respondió: Dichoso tú, Simón…Yo te digo que tú eres Pedro y sobre esta piedra edificaré mi Iglesia… Entonces ordenó a sus discípulos que no dijesen a nadie que él era el Mesías*

*** Fijémonos que Pedro fue una piedra bien frágil. ¿Qué nos quiere enseñar Dios con este ejemplo?: que nosotros debemos aceptar nuestra fragilidad, sin darnos nunca por vencidos, porque el amor de Dios es más grande que ella. Y que las pequeñas experiencias que vamos teniendo cada uno de Dios no son para airearlas, sino para guardarlas en el corazón, recordarlas.

(Mc 8,27-30: *Jesús les preguntó ¿Quién dice la gente que soy yo?... Y vosotros ¿quién decís que soy? Pedro tomó la palabra…*).

(Lc 9,18-21: *¿Y vosotros quién decís que soy yo. Pedro tomó la palabra y dijo: El Mesías de Dios. Pero Jesús les prohibió…*)

*** Sería estupendo que tú, lector/a, sintieras que ahora mismo es a quien Jesús pregunta *¿Quien soy yo para ti?* Y respondieras. ¡Prueba a hacerlo, te producirá mucho bien!.

III. INVITACIÓN A LOS DISCÍPULOS (Mt 16,21 a 20,26):

SEGUIR A JESÚS

Primer anuncio de su muerte y resurrección (Mt 16,21-23: *Desde entonces comenzó Jesús a declarar a sus discípulos que él tenía que ir a Jerusalén y padecer mucho de parte de los ancianos, sumos sacerdotes y de los maestros de la Ley, ser matado y resucitar al tercer día. Pedro se lo llevó aparte y se puso a reprenderle…PERO Él, volviéndose, le dijo:* **¡Apártate de mí, SATANÁS**, *pues eres un obstáculo para mí, porque tus pensamientos son como los de los hombres, no como los de Dios!*

(Mc 8,31-33: *Pedro se lo llevó aparte y se puso a reprender a Jesús… Él le dijo: ¡Ponte detrás de mí, Satanás!, porque tus sentimientos no son los de Dios…*).

(Lc 9,22: no cita lo de Pedro, sólo el anuncio de la muerte y resurrección).

*** Serias –muy serias– son estas palabras de Jesús a Pedro; y a cada uno de nosotros, cuando pretendemos cambiar los planes de Dios por los nuestros, motivado unas veces por nuestro orgullo y otras por nuestro amor no maduro, no correcto, equivocado. Tan inteligentes como somos los humanos, qué errores tan grandes cometemos.

LAS EXIGENCIAS DEL SEGUIMIENTO

(Mt 16,24-27: *dirigiéndose a sus discípulos añadió Jesús: El que quiera venir detrás de mí, niéguese a sí mismo; tome su cruz y me siga, porque el que quiera salvar su vida la perderá, pero el que pierda su vida por mí la encontrará...* (ver también Mt 8,18-22: *El Hijo del Hombre no tiene donde reclinar la cabeza*; y 10,37-39: *el que ama a su padre... más que a mí; el que no carga con su cruz... el que quiera conservar su* vida... *¿qué le vale al Hombre ganar el mundo... o qué puede dar a cambio de su vida... El Hijo vendrá y dará a cada uno según su conducta*".

★★★ Fijémonos bien; no nos van a salvar nuestros conocimientos, sino nuestra conducta. Jesús no es una doctrina, sino una persona a la que seguir. Y no pensemos que estas palabras están dichas para los Religiosos, ¡qué va! Son para todos los que quieran ser cris-tia-nos. Somos seguidores de un hombre radical, pero no fundamentalista.

Transfiguración de Jesús (Mt 17,1-13) *Tomó consigo a Pedro, Santiago y Juan su hermano (los tres de otras veces)... Pedro tomó la palabra y dijo: Señor, qué bien se está aquí. Si quieres, hago aquí tres tiendas: una para ti, otra para Moisés y otra para Elías. Aún estaba hablando Pedro, cuando una nube luminosa los cubrió y una voz desde la nube decía: este es mi Hijo amado, en quien me complazco, ¡escuchadlo!... Al oírlo, los discípulos cayeron de bruces, aterrados de miedo. Jesús se acercó, los tocó y les dijo: ¡Levantaos, no tengáis miedo!... Mientras bajaban del monte Jesús les ordenó: No contéis a nadie esta visión hasta que el Hijo del Hombre haya resucitado... Los discípulos le preguntaron ¿Por qué dicen los maestros de la Ley que primero debe venir Elías? Jesús les respondió: Sí Elías tenía que venir a ponerlo todo en orden. Pero yo os digo que Elías ha venido ya y no lo han reconocido, sino que lo han matado a su antojo (Juan Bautista). Del mismo modo van a hacer padecer al Hijo del Hombre...*

★★★ Nosotros tampoco podemos quedarnos en el monte, hay que bajar a los problemas de cada día; ahí es donde la vida del cristiano madura y da fruto.

(Mc 9,12-13: *Elías ya ha venido y lo han tratado a su antojo, como estaba escrito de él; vino en la persona de Juan Bautista. según lo había anunciado Mal 3,1-2: cf Mt 17,10-13*).

(Lc 9, 28-36, como Mt)

Curación del muchacho epiléptico (Mt 17,14-21) *¡Señor, ten compasión de mi hijo... lo he presentado a tus discípulos y no han podido curarlo. Jesús respondió: **gente incrédula y perversa**... Jesús increpó al demonio, salió del muchacho y quedó curado... Los discípulos, cuando estuvieron a solas con Jesús, le preguntaron: ¿Por qué nosotros no pudimos echarlo? Les dijo: Por vuestra poca fe. Os aseguro que si tuvierais fe como un grano de mostaza... Esta clase de demonios sólo se expulsa con la oración.*

(Mc 9,14-29: *al llegar adonde estaban los otros discípulos, vio Jesús que los rodeaba mucha gente y que unos maestros de la Ley discutían con ellos. En cuanto la gente vio a Jesús, todos quedaron sorprendidos y corrieron a saludarlo. Jesús les preguntó: ¿De qué discutíais con ellos? Uno le respondió: mi hijo tiene un espíritu que lo ha dejado mudo... He pedido a tus discípulos que lo echaran, pero no han podido. Jesús respondió: **¡GENTE INCRÉDULA!** ¿Hasta cuándo tendré que soportaros? Traédmelo... El padre del muchacho exclamó: Yo creo, pero AYÚDAME a tener más fe...*

★★★ Dos enseñanzas sacamos: a) el modo de pedir el padre del poseso: <Yo creo, pero **ayúdame**>. Y b) las palabras de Jesús '*si tuvierais fe como un granito de mostaza* –la semilla más pequeña–... *nada os sería imposible.* Luego aquí tenemos el termómetro de nuestra fe. ¡Mira a ver cómo andas de esta virtud!

(Lc 9, 37-45: *De pronto, un hombre de entre la gente gritó: Maestro, POR FAVOR, mira a mi hijo, el único que tengo. Un espíritu maligno se apodera de él... He pedido a tus discípulos que lo echasen, y no han podido. Jesús respondió: **GENTE INCRÉDULA Y PERVERSA**... ¿hasta cuándo tendré que soportaros?... Jesús curó al muchacho y lo devolvió a su padre. Y todos se quedaron atónitos...*

Segundo anuncio de su muerte y resurrección (Mt 17,22-23) *El Hijo del Hombre va a ser entregado en manos de los hombres, lo matarán y al tercer día resucitará. Y ellos se entristecieron mucho...*

*** Jesús no tiene escrúpulos de entristecerlos = no les oculta la verdad, por una falsa piedad, como a veces hacemos nosotros. El miedo a la muerte –el más frecuente entre las personas- es, en el fondo una falta de fe real, porque el creyente sabe que el Prefacio I de Difuntos suena así: *"En Cristo, nuestro Señor, brilla la esperanza de nuestra feliz resurrección; y así, aunque la certeza de morir nos entristece nos consuela la promesa de la futura inmortalidad. Porque la vida de los que en ti creemos, Señor, no termina, se transforma; y al deshacerse nuestra morada terrenal, adquirimos una mansión eterna en el cielo..."*, ¿Ves cómo creer de corazón, confiar plenamente, es lo importante?

(Mc 9,30-32: *Jesús no quería que nadie lo supiera, porque estaba dedicado a enseñar a sus discípulos. Les decía: el Hijo del Hombre va a ser entregado en manos de los hombres. Pero ellos no entendían estas palabras y no se atrevían a preguntarle*)

*** ¿Te pasa a ti también que alguna vez no te atreves a preguntarle al Señor? En estos casos aplícate lo que decía una maestra a sus niñas: "Hija, tienes mucha vergüenza, para lo que no deberías tener ninguna; y muy poca vergüenza, para lo que debías tener mucha".

(Lc 9,43-45: *Mientras todos estaban admirados por las cosas que hacía, Jesús dijo a sus discípulos: grabaos bien estas palabras: el Hijo del Hombre va a ser entregado en manos de los hombres. Pero ellos no entendían... y no se atrevían a preguntarle...*)

El impuesto del templo (Mt 17,24-27) *los recaudadores de los impuestos se acercaron a Pedro... ¿Qué te parece, Simón: los reyes de quiénes cobran impuestos de los hijos o de los extraños?... Los hijos están libres, pero para no escandalizarlos, vete al mar, echa el anzuelo y al primer pez que suba sácalo, ábrele la boca y encontrarás en ella la moneda precisa. Tómala y dásela a ellos por mí y por ti.*

*** Jesús con este gesto nos vuelve a recordar que hemos de cuidar no escandalizar, no sólo a los pequeños, sino también –como en este caso- a los adultos.

LA VIDA DE LA COMUNIDAD CRISTIANA: (Mt 18,1 a 20,34)

El mayor en el Reino (Mt 18,1-5) *Los discípulos preguntaron a Jesús ¿Quién es el más importante en el Reino de los cielos? Jesús llamó a un niño, lo puso en medio y dijo…*

(Mc 9,33-37: *Jesús les preguntó: ¿qué discutíais por el camino?… quién entre ellos sería el más importante… El que quiera ser el primero…*)

(Lc 9,46-48: *los discípulos se pusieron a discutir quién sería el más importante… El que acoge a este niño en mi nombre, me acoge a mí y el que…*)

★★★ Hemos de discernir en qué sentido se emplea aquí la palabra "niño". Pienso que se quiere significar el grado grande de confianza que posee el pequeño, no tantas otras cosas negativas que también tiene por su edad.

Evitar el escándalo (Mt 18,6-11): *Al que sea ocasión de pecado para uno de estos pequeños, que creen en mí, más le valdría que le ataran al cuello una piedra de molino y lo tiraran al mar… Es inevitable que haya escándalo, pero ¡ay de aquel por el que venga el escándalo! Si tu mano o tu pie…si tu ojo… cuidado con despreciar a uno de estos pequeños…*

(Mc 9, 42-48: *al que escandalice a uno de estos pequeñuelos…*)

(Lc 17,1-2: *Es inevitable que haya escándalos, pero ¡ay de aquel que los provoca! Más le valdría que le ataran al cuello una piedra de molino…*)

★★★ Otra vez Jesús emplea PALABRAS MUY DURAS; y es que la verdad es dura más de una vez. No debemos escandalizarnos de ellas, sino aprender a ser sinceros, porque sólo "la verdad nos hace libres"

La oveja perdida (Mt 18,12-14): *Si un hombre tiene cien ovejas y se le extravía una de ellas ¿no dejará en el monte las 99 e irá a buscar la extraviada. Si la encuentra, os aseguro que se alegra más por ella que por las 99 que no se habían extraviado. De la misma manera vuestro Padre celestial no quiere que se pierda ni uno solo de esos pequeños.*

(Lc 15,3-7: *¿quién de vosotros no deja las 99 en el campo y va en busca de la perdida hasta que la encuentra? Cuando la encuentra, se la echa sobre sus hombros* *lleno de alegría…llama a los amigos y vecinos y les dice:¡Alegraos conmigo, porque he encontrado mi oveja perdida!…)*

★★★ La enseñanza es que nuestro Padre Dios nos ama uno por uno. Y así debemos amar nosotros.

Corrección Fraterna (Mt 18,15-20): *Si tu hermano* **te** *ofende, ve y REPRÉNDELO a solas; si te escucha, habrás ganado a tu hermano; PERO si no te escucha, toma todavía contigo a uno o dos, para que cualquier causa sea decidida por la palabra de dos o tres testigos (cf. Dt 19,15). Si no quiere escucharles, dilo a la comunidad; y si tampoco quiere escuchar a la comunidad, considéralo como un pagano o un publicano…*

★★★ ¿También nos resultan duras estas palabras, para nuestra 'educación'? Es que el 'hombre viejo' predomina en nosotros… Pensemos que la corrección fraterna, tan poco practicada por los creyentes, es una de las causas de que la fuerza de arrastre de la Iglesia esté, hoy día, tan aguada; y animémonos a corregir y aceptar las correcciones que nos hagan. No nos excusemos diciendo que yo soy peor que aquel al que siento que debo corregir; o en que "total, no hace caso"…

La fuerza de la Oración Comunitaria (Mt 18,19): *Os aseguro que si dos de vosotros se ponen de acuerdo sobre la tierra, cualquier cosa que pidan les será concedida por mi Padre. Porque donde hay dos o tres reunidos en mi nombre, allí estoy yo en medio de ellos.*

★★★ ¿Está clara la promesa del Señor? ¿Lo practicamos en los casos importantes?

Parábola del perdón: (Mt 18,21-35) *Pedro se acercó y le dijo: Señor, ¿cuántas veces tengo que perdonar a mi hermano cuando me ofenda?… Jesús le dijo: no te digo hasta siete veces, sino hasta setenta veces siete. El Reino de los Cielos es semejante a un rey que quiso arreglar las cuentas con sus empleados, perdonó a uno y éste no perdonó a su compañero… Y el Señor, IRRITADO, lo entregó a los carceleros, hasta que pagase toda la deuda. Así hará mi Padre celestial con vosotros si cada uno no perdona de corazón a su hermano.*

*** Jesús nos enseñó a decir en el Padre Nuestro: ...perdona nuestras ofensas como también nosotros perdonamos a los que nos ofenden...". Algunos entienden que Dios nos paga con la misma moneda; pero yo pienso que más que esto, lo que nos quiere decir es que yo me debo comprometer a perdonar a las personas que me ofenden, porque me siento perdonado por Él. Sin embargo, conozco un caso de dos personas peleadas, que no se hablan, rezan muchas veces el Padre Nuestro y siguen sin perdonarse ni hablarse.

(Lc 17,3-4: *Si tu hermano peca, repréndelo; y si se arrepiente, perdónalo. Si peca contra ti siete veces al día y otras tantas te dice 'me arrepiento', perdónalo*)

*** También está muy clara la enseñanza de esta parábola, ¿verdad?

Conclusión: (Mt 19,1: *cuando Jesús acabó este discurso, salió de Galilea y se fue a Judea...; cf. 7,28; 11,1; 13,53; 26,1*)

El amor matrimonial verdadero (Mat 19,3-12) *... ¿le está permitido al varón separarse de su mujer por cualquier motivo?... ¿Por qué Moisés ordenó al marido...? Por la dureza de vuestro CORAZÓN... Los discípulos le dijeron: si tal es la condición del varón respecto a su mujer, no conviene casarse... No todos pueden con esto, sino aquellos a quienes Dios se lo concede. Hay eunucos que nacieron así del vientre de su madre, los hay que fueron hechos eunucos por los hombres y los hay que a sí mismos se hicieron tales por el Reino de los Cielos. ¡El que sea capaz de hacer esto, que lo haga!*

*** Resulta muy imprescindible que los novios cristianos tengan claro que el compromiso matrimonial es para toda la vida. Esto les va a ayudar a superar los pequeños o medianos enfrentamientos de cada día. Y los que se sientan llamados al sacerdocio o la Vida Religiosa, también.

(Mc 10,1-12: *Al principio de la creación Dios los creó varón y hembra (Gén 1,27). Por eso el hombre dejará a su padre y a su madre y se unirá a su mujer y serán los dos una sola carne (Gén 2,24)... Por lo tanto, lo que Dios ha unido, que no lo separe el hombre. Ya en casa, de nuevo los discípulos le preguntaron acerca de esto. Jesús les dijo: El que se separe de su mujer y se case con otra, comete adulterio contra la primera; y si la mujer se separa de su marido y se casa con otro, comete adulterio.*

Jesús bendice a unos niños (Mt 19,13-15) *Entonces le presentaron unos niños para que les impusiera las manos y rezase por ellos. Los discípulos los regañaban, pero Jesús les dijo: Dejad que los niños se acerquen a mí y no se lo impidáis… porque de los que son como ellos es el Reino de los Cielos. Después de IMPONERLES LAS MANOS continuó su camino…*

(Mc 10,13-16: *Le presentaron unos niños para que les impusiera las manos, pero los discípulos les regañaban; Jesús AL VERLO SE INDIGNÓ y les dijo: dejad que los niños se acerquen a mí…*).

(Lc 18,15-17 *Le presentaron unos niños para que les impusiera las manos… de los que son como ellos es el Reino de los Cielos*).

★★★ De nuevo vemos que los discípulos –nosotros- queremos mandar en Jesús. Hay cariños que matan, porque están fuera de la verdad. Jesús es <el Señor> y nosotros <sus siervos>. No lo olvidemos.

El joven rico (Mt 19,16-30*): Maestro, ¿qué tengo que hacer de bueno para alcanzar la vida eterna? Él le contestó: ¿Por qué me preguntas acerca de lo que es bueno? El único bueno es Dios. Pero, si quieres entrar en LA VIDA, guarda los mandamientos. ¿Qué más hace falta? Vende todo lo que tienes y dáselo a los pobres… Se fue muy triste, porque tenía muchos bienes… Os aseguro que un rico difícilmente entrará en el Reino… Los discípulos se quedaron asombrados- Entonces ¿quién puede salvarse?… pero para Dios todo es posible… Pedro le dijo: nosotros te hemos seguido; ¿qué nos espera?…Jesús les dijo: Os aseguro que vosotros… y todo el que deje casa y hermanos… recibirá el ciento por uno… muchos primeros serán los últimos y los últimos los primeros.*

★★★ La creencia en la 'vida eterna' es anterior al nacimiento de Cristo. Jesús enumeró estos textos del A.T.: Ex 20,12.16; Dt 5, 16-20; Lev 19,18 (sólo cita seis mandamientos) (Mc 10,17-31; Lc 18,18-30).

★★★ Recordemos que el dinero es incompatible con el seguimiento de Cristo, si lo convertimos en nuestro dios *("Nadie puede servir a dos señores, a mí y al dinero")*. <Vende todo lo que tienes> va más allá de las posesiones materiales. No podemos salvarnos por nuestros méritos, porque la salvación es un "don" del Señor, pero, eso sí, nosotros hemos de acoger y cuidar y mantener ese don, de ahí el esfuerzo necesario al cristiano, porque está en el mundo (su cultura) sin ser del mundo. <Dejarlo todo> es vivir libre de ídolos, seguir a Jesús –el único salvador– y cargar la propia cruz.

Parábola de los jornaleros de la viña... (Mt 20,1-16)... *El dueño de la viña convino en un denario con los obreros de primera hora... vinieron los de las 17'00 y recibieron un denario... ¿No puedo hacer lo que quiera con lo que es mío... o ves con malos ojos el que yo sea bueno?... los últimos serán primeros.*

★★★ Este aviso final de la parábola, que ya lo habíamos leído en Mt 19,30 es, como todos los avisos que Jesús nos da, muy importante. Está lleno de amor, aunque sea difícil de aceptar, como ha quedado en evidencia en la misma parábola.

Tercer anuncio de su muerte y resurrección (Mt 20,17-19: *El Hijo del Hombre será entregado a los sumos sacerdotes y a los maestros de la Ley...lo condenarán a muerte, lo entregarán a los paganos, se burlarán de él...*

(Mc 10,32-34: *Subían camino de Jerusalén (a la muerte); los discípulos lo seguían* asombrados *y las gentes iban* con miedo... *Mirad, vamos a Jerusalén y el Hijo del Hombre será entregado a los sumos sacerdotes y a los maestros de la Ley... lo entregarán a los paganos, se burlarán de él, le escupirán, lo azotarán y lo matarán, PERO a los tres días resucitará).*

(Lc 18,31-34: *estamos subiendo a Jerusalén y se va a cumplir todo lo que escribieron los profetas sobre el Hijo del Hombre).*

★★★ ¡Qué importante es el número 3 en la Palabra: tres son las personas de la Trinidad, 3 los días que estará Jesús en la sepultura, 3 los apóstoles que se llevó Jesús consigo en momentos claves...!

Los puestos principales (Mt 20,20-28) *La madre de los Zebedeos se puso de rodillas para pedirle... manda que estos hijos míos se sienten a tu derecha e izquierda. Jesús respondió: No sabéis lo que pedís. ¿Podréis beber el cáliz que yo he de beber?... Beberéis mi cáliz, pero el sentarse a mi derecha o a mi izquierda no es cosa mía el concederlo... Los otros 10 se indignaron... Jesús llamó a los diez restantes y les dijo: Sabéis que los jefes de las naciones las tiranizan y los grandes las oprimen* (ASÍ VIENE OCURRIENDO) Entre vosotros no debe ser así, sino que si alguno de vosotros quiere ser grande, que sea vuestro servidor; y *el que de vosotros quiera ser el primero, que sea vuestro esclavo. De la misma manera que el Hijo del Hombre no ha venido a ser servido, sino a servir...*

★★★ Sentimiento de madre, muy humanos, pero Jesús no lo concede, porque también en esto se somete al Padre. Y reacción muy humana también la de los dos hijos, pero que tampoco la debemos imitar. Y observemos que Jesús no interroga a la madre, sino a los dos hijos sobre la capacidad de beber el cáliz...

★★★ Es clara esta lección también ¿no? ¡Cómo debemos agradecer a Jesús que nos hable tan clara y directamente!

(Mc en 10,35-45: no dice que sea la madre quien hace la petición, sino directamente los dos hermanos... los otros diez se indignaron... sabéis que los jefes de las naciones...)

Curación de dos ciegos (20,29-34): *Dos ciegos comenzaron a gritar: ten compasión de nosotros.* **La gente** *los reprendió para que se callasen, pero ellos gritaban con más fuerza. Jesús los llamó y les dijo: ¿Qué queréis que haga por vosotros?* (¿similitud del ciego con el que no cree?) *Jesús se compadeció, tocó sus ojos y al punto recobraron la vista...*

(Mc 10,46-52: sólo habla de un ciego, Bartimeo, pero todo lo demás, igual que Mt).

(Lc 18,35-43 también sólo un ciego; y como Mc y Mt en lo demás).

RECHAZO DE JESÚS, PASIÓN Y RESURRECCIÓN (Mt 21,1 a 25,46):

RECHAZO DEL MESÍAS EN JERUSALÉN (Mt 21,1 a 23,39)

Entrada triunfal de Jesús en Jerusalén (Mt 21, 1-11) *Id a la aldea de enfrente...encontraréis una borriquilla y... un pollino... Esto ocurrió para que se cumpliera lo que había dicho el profeta Is 62,11; Zac 9,9)... Los que iban gritaban: Hosanna (Sal 118, 25-26). Al entrar Jesús en Jerusalén toda la ciudad* *se alborotó; decían ¿quién es éste? La gente respondía: Éste es Jesús, el profeta de Nazaret de Galilea.*

(Mc 11,1–11): al acercarse a Jerusalén… envió a dos de sus discípulos… encontraréis un pollino atado, que nadie ha montado aún… llevaron el pollino a Jesús… y se montó en él… gritaban ¡Hosanna…! (Sal 118,26);

(Lc 19, 28–38: id a la aldea de enfrente… encontraréis un pollino ¡Bendito el que viene en nombre del Señor como rey (Sal 118,26)… Si estos se callaran, gritarían las piedras).

(Jn 12,12–19): la gente que había venido a la fiesta, al oír que Jesús venía a Jerusalén tomaron ramos de palmas y… Jesús encontró un asno y se montó en él, según está escrito en Zac. 9,9; al principio los discípulos no comprendieron estas palabras, pero cuando Jesús fue glorificado se acordaron de que habían sido escritas de él y que así habían ocurrido.

Expulsión de los mercaderes del templo (Mt 21,12–17) *Jesús entró en el templo y echó a todos los que estaban allí vendiendo y comprando. Volcó las mesas de los cambistas y los puestos de los vendedores de palomas, y les dijo: 'Mi casa es casa de oración; pero vosotros la habéis convertido en una cueva de ladrones' (Is 56,7; Jer 7,11)… Pero los sumos sacerdotes y maestros de la Ley al ver las maravillas que hacía y a los niños que gritaban en el templo: 'Hosanna al Hijo de David', se indignaron y le dijeron: ¿no oyes lo que están diciendo? Jesús les contestó: Sí. ¿Nunca habéis leído: de la boca de los pequeños y de los niños de pecho te procuraste alabanzas (Sal 8,3)? Y dejándolos, salió de la ciudad…*

★★★ Podemos calificar esta acción de Jesús de violenta, sin problema ninguno de conciencia. El problema va a estar en si descubrimos o no la enseñanza que quiere Jesús que aprendamos, porque Él se hizo hombre para que pudiéramos imitarle. ¿Ves, lector/a que no se trata de leer o escuchar la Biblia como un libro que cuenta historias pasadas, sino como Palabra que nos interroga?

¿Verdad que aparecen muchas veces en los Evangelios los sumos Sacerdotes y maestros de la Ley?

★★★¿qué querrá Dios enseñarnos con ellos?

(Mc 11,15-19): *entró en el templo y comenzó a echar a los que estaban allí. Volcó las mesas... y no permitía que transportaran objetos por el templo; y los sumos sacerdotes y los maestros de la Ley buscaron el modo de acabar con él.*

(Lc 19,45-48): *se puso a echar a los vendedores diciéndoles: está escrito: Mi casa es casa de oración* (Is 56,7; Jer 7,11).

(Jn 2,13-17): *halló en el templo vendedores...... y cambistas... HIZO UN LÁTIGO DE CUERDAS... ESPARCIÓ POR EL SUELO LAS MONEDAS Y VOLCÓ LAS MESAS... QUITAD ESTO DE AQUÍ; NO HAGÁIS DE LA CASA DE MI PADRE UN MERCADO* (Sal 69,10). *Entonces los judíos dijeron: ¿Qué señal nos das para obrar así? Jesús les respondió: destruid este templo y en tres días lo levantaré...*

★★★ Lo del látigo de cuerdas y tirar las mesas de los vendedores parece que no pega con el Jesús de la paz, el amor, la comprensión, la humildad, la paciencia... ¿Qué se nos habrá querido dar a entender para nuestra vida? ¿Será que comprendamos lo que quiere decir que Jesús <se hizo hombre hasta las últimas consecuencia, semejante en todo a nosotros, menos en el pecado>? ¿También experimentó Jesús la ira o la cólera?

La higuera que no da frutos (Mt 21,18-22): *...Sintió hambre. Vio una higuera junto al camino, se acercó a ella y, al no encontrar más que hojas, le dijo: que nuca más brote de ti fruto alguno y la higuera se secó en aquel mismo instante* (¿DOMINIO SOBRE EL MUNDO VEGETAL?)... *Os aseguro que si tuvierais fe y no dudarais... si decís a este monte quítate de ahí... Todo lo que pidáis con fe en la oración lo recibiréis.*

(Mc en 11,12-14.20-24) añade que *"Al ver de lejos una higuera que tenía hojas, fue a ver si encontraba algo en ella; pero al llegar sólo encontró hojas, pues no era tiempo de higos. Entonces dijo a la higuera: ¡Que nadie coma nunca fruto de ti! Sus discípulos lo oyeron... Pedro se acordó y dijo a Jesús: ¡Maestro, mira, la higuera que MALDIJISTE se ha secado. Jesús le respondió: Tened fe en Dios os aseguro que el que sin dudar interiormente lo más mínimo, sino creyendo que se cumplirán sus palabras, diga a ese monte… Cuando os pongáis a orar…*

★★★ Desconcierta mucho este segmento: ¿cómo puede pedir Jesús higos fuera de tiempo y mandar que la higuera se seque porque no tiene fruto? Y parece ser que los apóstoles interpretaron que era una 'maldición' ¿cabe una maldición en Jesús? Hombre semejante en todo a nosotros… ¿No será que las "hojas sin fruto" representa a los que rezan y rezan, se dan golpes de pecho, visitan al Santísimo (actos de piedad), pero no dan fruto (no hacen obras de caridad, 'obras de misericordia'…)?

★★★ Recordemos que toda la Biblia es palabra de hombres, fruto de su mentalidad de hombres, PERO aprobada por Dios, para que pudiéramos entender "algo" de Él. Por eso hemos de interpretarla, trabajarla, para captar lo que Dios ha querido transmitirnos para-nuestra-vida.

La autoridad de Jesús puesta en duda (Mt 21, 23-27) *En el templo los sumos sacerdotes y los ancianos del pueblo le preguntaron: ¿Con qué autoridad haces todo esto? ¿Quién te ha dado esa autoridad? Jesús les respondió: Yo también os haré una pregunta os diré con qué autoridad hago todo esto <El Bautismo de Juan. ¿era del cielo o de los hombres?>. Ellos discutían entre sí y comentaban: Si decimos que del cielo nos dirá ¿Entonces por qué no creísteis en él? Y si decimos que de los hombres, tememos a la gente… Y respondieron a Jesús: No lo sabemos. Él les replicó: TAMPOCO YO OS DIGO con qué autoridad hago todo esto.*

★★★ Nueva acción de Jesús, que pocas veces estamos dispuestos a imitar, porque nos parece escandalosa: pero recordemos: ¡Ay del que se escandalice de mí! Seamos valientes como Él y no actuemos 'de cara a la galería' como algunas veces hacemos.

(Mc 11,27-33): *¿con qué autoridad haces todo esto?… Yo también os haré una pregunta… tampoco yo os digo con qué autoridad).*

(Lc 20,1-8)… *le preguntaron… pues tampoco yo os digo…)*

★★★ ¿Cómo podemos interpretar esta actitud de Jesús?: no contesta algunas preguntas, como las de estas dos citas. ¿VALENTÍA, CONVICCIÓN EN SÍ MISMO…?) Tú, lector/a, ¿qué piensas? Defínete.

Parábola de los dos hijos (Mt 21,28-32): *¿Qué os parece? Un hombre tenía dos hijos. Se acercó al primero y le dijo: vete a trabajar hoy en la viña. Y él respondió: No quiero. Pero después se arrepintió y fue. El otro le dijo: voy, señor, pero no fue…Jesús dijo: Os aseguro que los publicanos y prostitutas entrarán en el Reino de los Cielos antes que vosotros. Porque vino Juan Bautista a mostraros el camino de la salvación y no creísteis en él, mientras que los publicanos y prostitutas le creyeron. Pero vosotros, a pesar de verlo, no os habéis arrepentido ni creído en él.*

★★★ Nuevo AVISO del Señor: para entrar en el Reino hemos de CREER DE VERDAD, no simplemente de palabrita: *obras son amores; y no buenas razones.*

Parábola de los viñadores perversos (Mt 21,33-41) *Un hombre plantó una viña… la arrendó a unos viñadores y se fue de viaje… mandó a muchos criados para recibir su paga… pero los viñadores a unos los golpearon y a otros los mataron… Finalmente les mandó a su hijo, pensando: a mi hijo lo respetarán… Pero los viñadores se dijeron: ÉSTE ES el heredero, vamos a matarlo y nos quedaremos con su herencia. En Mt 42-46: Jesús les dijo: ¿No habéis leído nunca en las Escrituras: la piedra que desecharon los constructores es ahora la piedra angular…? (Sal 118, 22-23)…Por eso os digo que se os quitará a vosotros el Reino de los Cielos para dárselo a un pueblo que pague sus frutos… Cuando los sumos sacerdotes y los fariseos oyeron estas parábolas, comprendieron que se referían a ellos y querían prenderlo, pero temían a la gente porque lo tenían por profeta.*

★★★ ¿Puede llegar la insensatez de los seres humanos, siendo tan inteligentes como somos, hasta pretender APODERARNOS DEL HIJO DE DIOS? Pues sí, puede llegar. El ser humano es capaz de lo más noble y de lo más vil. Cuidemos los pasos que damos, porque no todos llevan al mismo sitio; y todas las cosas grandes empiezan pequeñitas… ¡Cuánta es la paciencia y el amor-perdón del Señor, siempre dispuesto a una nueva oportunidad!: *si hoy escucháis su voz, no endurezcáis vuestro corazón.*

(Mc 12,1-12) lo pone más grave aún que Mt.

(Lc en 20,9-19) añade: *Al oír esto dijeron los presentes: No lo quiera Dios. Jesús los miró y les dijo: Pues ¿qué significa aquello que está escrito: la piedra que desecharon los constructores se ha convertido en piedra angular?*

***Evidentemente la "piedra angular, la que sostiene el edificio", es Cristo; pero las personas la desechamos.

Parábola del gran banquete (Mt 22,1-14) *El Reino de los Cielos es semejante a un rey que celebró las bodas de su hijo. Envió a sus criados a llamar a los <u>invitados</u>… pero no hicieron caso… El rey se irritó… los invitados no eran dignos. Id a las encrucijadas de los caminos y a <u>todos</u> los que encontréis invitadlos… Los criados salieron a los caminos y recogieron a todos los que encontraron, malos y buenos, y la sala de bodas se llenó de invitados. El rey entró para ver a los invitados, reparó en uno que no tenía traje de boda… y le dijo: Amigo cómo has entrado aquí sin tener un traje de boda. Pero él no contestó. Entonces el rey dijo a los camareros: Atadlo de pies y manos y arrojadlo a las tinieblas exteriores… <porque muchos son los llamados, pero pocos los escogidos>.*

(Lc 14,15-24) *a la hora del banquete mandó a sus criados a decir a los invitados: Venid que ya está preparado el banquete… Salid por los caminos y veredas, y obligad a la gente a entrar…*

*** En esta parábola yo encuentro dos enseñanzas; ¿y tú?: a) somos todos invitados al Banquete del cielo, pero no todos respondemos a la invitación. Es necesario colaborar con Dios, esforzarnos en entrar "por la puerta estrecha", Él nos va a estar ofreciendo oportunidades, pero… b) Unos tenían "traje de bodas", tenían el camino hecho. ¿Los justos quiénes son?: los que obedecieron, los que cultivaron la semilla, los que siguieron libremente detrás de Cristo…? ¿El que no tenía el traje de bodas representa al que pretende 'colarse' en el banquete? Dicen algunos biblistas que a la entrada de la sala estaba el vestidor donde se cogía 'el vestido de bodas', pero aquél echado fuera no cumplió este paso.

El impuesto del César (Mt 22,15-22): *Los fariseos se fueron a deliberar y ver cómo le podrían cazar en alguna palabra. —Maestro, sabemos que eres sincero, que enseñas de verdad el camino de Dios y que no te importa nada el qué dirán ¿Es lícito pagar el impuesto al César o no? Jesús, conociendo su malicia, dijo: enseñadme la moneda del tributo… Jesús les dijo: Dad al César lo que es del César y a Dios lo que es de Dios.*

*** Se oye con frecuencia decir, por ignorancia o comodidad, "yo no soy político", pero Cristo sí sabía que "político" significa "ciudadano", y "política", cuidado de la ciudad, tarea que compite a todos los ciudadanos. Posiblemente sea esto lo que quiere decir "dad al César lo que es del César y a Dios lo que es de Dios". Los cristianos somos ciudadanos de dos patrias: la terrena y la divina. Son COMPATIBLES LOS DOS CAMPOS, más aún, estamos invitados a ser agentes activos en los dos campos.

(Mc 12,13-17) *Le enviaron entonces algunos fariseos y herodianos para cazarlo en alguna palabra:... sabemos que eres SINCERO y que NO TE IMPORTA NADA EL QUÉ DIRÁN, porque NO TIENES RESPETOS HUMANOS Y ENSEÑAS DE VERDAD el camino de Dios ¿es lícito pagar...? Jesús, CONOCIENDO SU HIPOCRESÍA les dijo: ¿por qué me tentáis...?.*

(Lc 20,20-26) como Mc.

★★★ Otra vez encontramos que hasta los enemigos de Jesús dicen de él cómo es. Pero ya hemos afirmado que el simple conocimiento no salva: hay que escuchar y obrar conforme a lo escuchado.

Los saduceos y la resurrección de los muertos (Mt 22,23-33): *Se le acercaron unos saduceos, que niegan la resurrección y le preguntaron: Maestro, Moisés dijo: si muere un hombre casado sin tener hijos, su hermano se casará con la viuda para dar descendencia a su hermano (Dt 25,5; Gén 38,8). Eran siete hermanos... Finalmente murió también la mujer. En la resurrección ¿de cuál de los siete será esa mujer?... Jesús les respondió: estáis en un error **por no entender las Escrituras ni el poder de Dios...** Y acerca de la resurrección de los muertos ¿no habéis leído lo que dijo Dios?: 'Yo soy el Dios de Abrahán, el Dios de Isaac y el Dios de Jacob' (Éx 3,6.15-17) No es un Dios de muertos, sino de vivos. Al oírlo, la gente se admiraba de su enseñanza.*

★★★ Prestemos atención, porque todo lo que se dice en las Escrituras está dicho de nosotros y para nosotros: ¿Entendemos las Escrituras o todavía nos quedamos en la interpretación literal? y -todavía más difícil- ¿creemos, confiamos en "el poder de Dios"?: lo puede todo, pero esto no significa que obra caprichosamente, como el nuevo rico.

(Mc 12,18-27) como Mt.

(Lc 20,27-40) matiza: *Los hijos de este mundo se casan... pero los que han sido dignos de tener parte en el otro mundo y en la resurrección de los muertos, hombres y mujeres, no se casarán* (en la otra vida)... *No es un Dios de muertos, sino de vivos, porque para él todos viven. Entonces unos maestros de la Ley dijeron: ¡Bien dicho, Maestro! Y no se atrevieron a preguntarle más.*

★★★De nuevo el contraste o enfrentamiento entre el Mundo y Dios.

El mandamiento más importante (Mt 22,34-40) *Un fariseo le preguntó: ¿Cuál es el mandamiento principal? Jesús le dijo: amarás al Señor, tu Dios, con todo tu corazón, con toda tu alma y toda tu mente (Dt 6,5). Este es el principal y primer mandamiento. El segundo es semejante a este: amarás a tu prójimo como a ti mismo (Lev 19,18) En* **estos dos** *mandamientos se resume toda la Ley y los Profetas.*

(Mc en 12,28-34) señala: *no hay mandamiento mayor que el 1º y el 2º.*

★★★Jesús une los dos primeros mandamientos y saca el más importante, el que resume toda la Ley y los Profetas.

(Lc 10,25-28): *Un doctor de la Ley le dijo para tentarlo: Maestro ¿qué debo hacer para heredar la vida eterna? Jesús le respondió ¿qué está escrito en la Ley?... Amarás al Señor, tu Dios, con todo tu corazón, con toda tu alma,* <u>*con todas tus fuerzas*</u> *y con toda tu mente, y a tu prójimo como a ti mismo (Dt 6,5; Lev 18,18). Jesús le dijo:... haz eso y vivirás. PERO él, queriendo justificarse, dijo a Jesús: Y* **¿quién es mi prójimo?** Jesús le respondió con la parábola del buen samaritano...

★★★ Para la Biblia son tres, y no dos, los componentes de la persona: corazón, alma y mente, catalogando el corazón como el motor de nuestras acciones y palabras; en cambio nosotros –herederos de la filosofía griega– decimos que son: alma y cuerpo. Pero lo más importante, del segmento en que estamos, son las palabras: *con todo, con toda...* Dios no quiere compartir con nadie ni nada su realidad, Él es "El Señor".

★★★Prójimo viene de "próximo" y así lo manifiesta la cita.

Hijo de David (22,41-46) Jesús **PREGUNTÓ** a los fariseos ¿de quién es Hijo el Mesías?.- Respondieron: de David.- **Jesús les replicó**… si el mismo David le llama Señor, ¿cómo puede ser hijo suyo? <u>Nadie podía responderle y desde aquel día nadie se atrevió</u>…

★★★ Jesús, en cambio, SÍ sigue preguntando. Y hoy, ahora, te pregunta a ti, lector/a. También respondió a las preguntas que le hacían. E incluso, como hemos visto, dejó sin responder alguna que otra.

(Mc 12,35-37) *Jesús una vez que enseñaba en el templo, preguntó: ¿Cómo pueden decir los maestros de la Ley que el Mesías es Hijo de David… Sal 110,1… Y la multitud lo escuchaba con sumo gusto.*

(Lc 20,41-44) como Mc.

Denuncia de los maestros de la Ley y de los fariseos (Mt 23,1-12): *En la cátedra de Moisés se han sentado los maestros de la Ley y los fariseos. Haced y guardad lo que os digan; pero no hagáis lo que ellos hacen, porque dicen y no hacen… Atan cargas pesadas… pero ellos ni con un dedo quieren moverlas. Hacen todas sus obras para que los vean los demás… Les gusta ocupar los primeros puestos en los banquetes… ser saludados en las plazas y que los llamen "maestros"… El mayor de vosotros sea vuestro servidor. Pues el que se ensalza será humillado y el que se humilla será ensalzado.*

★★★ Jesús señala abiertamente los defectos de quienes no caminan detrás de Él. La verdad le hizo libre y a nosotros también nos hará. Pero siempre aprovecha lo bueno de cada uno: 'haced y guardar lo que os digan'. María expresa en su Magnificat este mismo pensamiento: (El Señor) dispersa a los soberbios de corazón (2º Sam 22,28), derriba del trono a los poderosos y enaltece a los humildes (Job 5,11; 12,19), a los hambrientos los colma de bienes y a los ricos los despide vacíos (1º Sam 2,5); (Sal 107,9).

(Mc12,38-40) *En sus enseñanzas Jesús decía también: Cuidado con los maestros de la Ley que gustan de pasearse con vestidos ostentosos, ser saludados en las plazas; ocupar los primeros asientos en las sinagogas y los primeros puestos en los banquetes; devoran los bienes de las viudas pretextando hacer largas oraciones. Ellos serán juzgados muy severamente").*

★★★ ¿Puede entenderse estos Maestros como nuestros sacerdotes y teólogos? No juzguemos y no seremos juzgados. Pero examinémonos bien cada uno.

(Lc 11,37-54) *Cuando terminó de hablar, un fariseo lo invitó a comer con él... El fariseo se extrañó al ver que Jesús no se había lavado antes de comer. Pero el Señor le dijo: vosotros los fariseos limpiáis por fuera la copa y el plato, pero VUESTRO INTERIOR ESTÁ LLENO DE RAPIÑA Y DE MALDAD. ¡INSENSATOS! ¿No hizo también lo interior el que hizo lo exterior? Dad limosna de lo de dentro, y lo tendréis todo limpio...* (Lucas añade cinco veces *"¡Ay de vosotros, fariseos! Que"... olvidáis la justicia y el amor de Dios... que os gusta los primeros puestos en las sinagogas... que sois como sepulcros que nadie ve...*) *Entonces uno de los doctores de la Ley le dijo: Maestro, hablando así NOS OFENDES TAMBIÉN A NOSOTROS* (v. 45); *Guardaos de los maestros de la Ley que les gusta llevar vestidos ostentosos... Cuando salió de allí, los fariseos y los maestros de la Ley comenzaron a acosarlo y a proponerle muchas cuestiones, tendiéndole trampas para sorprenderlo en alguna de sus palabras (vv. 53-54)*

★★★ He aquí otra serie de insultos e incluso el eco que produjo en algunos de los oyentes: "nos ofendes también a nosotros, los doctores de la Ley".

Jesús desenmascara a los escribas y fariseos (Mt 23,11-36): *¡Ay de vosotros, maestros de la Ley y fariseos, que cerráis el Reino de los cielos a los hombres!...*

★★★ ¡Hasta siete <ay> pronuncia Jesús con INSULTOS DURÍSIMOS! ¿Qué debemos aprender de este comportamiento de Jesús? ¿Nos extrañamos ahora de los diálogos de los políticos criticando a los otros Partidos, sin reconocer sus propios defectos?: Jesús critica desde la verdad, pensando en la conversión de los criticados y para que los oyentes no se dejen engañar. Todos distinguimos entre 'crítica sana, positiva' y 'crítica perversa, dañina' y conocemos las palabras: "no juzguéis y no seréis juzgados... con la misma medida con que midáis, seréis medidos..."

Lamento sobre Jerusalén (Mt 23, 37-39): *¡Jerusalén, Jerusalén, que matas a los profetas y apedreas a los que te son enviados! ¡Cuántas veces he querido* *reunir a tus hijos... y no has querido!. Sabed que vuestra casa quedará desierta (Jer 7,14; 12,7; 26,4-6; Sal 118,26).*

★★★ Jesús avisa muchas veces, y el que avisa no es traidor. Seamos dóciles y hagámosle caso "al Señor". Recordemos que la clave de la obediencia está en la humildad.

(Lc 13,34-35 *matas a los profetas y apedreas a los que te son enviados...*)

★★★ En textos como el presente hemos de sentirnos nombrados cada uno y no "echar balones fuera" pensando que esto sólo se refiere a la Jerusalén del tiempo de Jesús. Descubramos momentos en los que 'hemos matado a algún profeta de hoy y apedreado a quienes nuestro Padre Dios nos ha enviado, en lugar de acogerlos y escucharlos'. Así es como "la Palabra de Dios es viva y da vida".

IV. SEÑALES PRECURSORAS: (Mt 24,1 a 25,46)

Jesús predice la destrucción del templo (Mt 24,1-2) *Jesús salió del templo e iba caminando, cuando se le acercaron los discípulos para mostrarle las construcciones del templo El les dijo: ¿Veis todo esto? Os aseguro que no quedará aquí piedra sobre piedra Todo será destruido.*

Que nadie os engañe (Mt 24,3b-14) *Los discípulos le preguntaron a solas: dinos cuándo sucederá la destrucción del templo y cuál será la señal de tu venida y el fin del mundo. Jesús les respondió: Mirad que nadie os engañe. Muchos vendrán en mi nombre diciendo: Yo soy el Mesías y engañarán a muchos. Cuando oigáis hablar de guerras y noticias de batallas, no os alarméis, porque es necesario que todo eso ocurra; pero todavía no será el fin...Habrá hambre y terremotos... Esto será sólo el comienzo de los dolores... pero el que persevere hasta el fin se salvará.*

(Mc 13,5-23: *Muchos vendrán usando mi nombre... Mirad por vosotros mismos... Un hermano entregará a la muerte a su hermano...Todos os odiarán por causa mía; cuando veáis al ídolo abominable y devastador... el que esté en el campo que no vuelva por su manto...Tened cuidado, pues os lo he dicho todo de antemano).*

(Lc 21,7-19 *Entonces le preguntaron: Maestro ¿cuándo sucederá eso? ¿Y cuál será la señal de que estas cosas van a cumplirse?... Pero antes de todo esto os echarán mano, os perseguirán...Con vuestra perseverancia salvaréis vuestras vidas*)

★★★ Solemos caer en el engaño de pensar que el final de este mundo está cerca, porque se cumplen en él algunas de las señales que Jesús marca. Pero no olvidemos la continuación: "no os alarméis... porque todavía no será el fin" (Mt 24,6).

★★★ Todos los que interpretaron al pie de la letra: *destruid este templo y en tres días lo reconstruiré* nos avisan para no caer en la trampa, en la que ellos cayeron.

Señales de la destrucción de Jerusalén (Mt 24,15-28) *cuando veáis en el lugar santo el ídolo abominable (Dan 9,27; 11,31; 12,11) anunciado por el profeta DANIEL (el que lea que entienda), los que estén en Judea que huyan a los montes... como el relámpago así será la venida del Hijo del Hombre.*

(Mc 13,14-23 *cuando veáis el ídolo abominable y devastador... ¡Ay de la que esté encinta... Rezad para que vuestra huída no caiga en invierno ni en sábado...Y si el Señor no acortase aquellos días, nadie se salvaría...! Surgirán falsos mesías y profetas y harán señales y prodigios para engañaros...*).

★★★ La Nota a Mt 24,15 de la B. de J. dice: "Al parecer, Daniel designaba al ídolo abominable como el altar pagano que Antíoco Epífanes erigió en el Templo de Jerusalén el año 168". El lenguaje apocalíptico es el más difícil de entender

(Lc 21,20-24 como Mc)

La venida del Hijo del Hombre (Mt 24,29-31) *después de esta tribulación, el sol se oscurecerá, la luna no alumbrará...Entonces aparecerá en el cielo la señal del Hijo... él enviará a sus ángeles con potentes trompetas...*

(Mc 13,24-27... *Entonces verán venir al Hijo del Hombre entre nubes con gran poder...*).

(Lc 21,25-28: *verán venir al Hijo en una nube con gran poder y majestad. Cuando comiencen estas cosas, tened ánimo y levantad la cabeza, porque se acerca vuestra liberación*).

★★★ Las palabras de Lucas son la solución para salir del miedo o la depresión: ¡tened ánimo y levantad la cabeza (el corazón), porque se acerca vuestra liberación"!. Así tendríamos que enfrentarnos con la muerte, que es la llegada de la liberación.

Certeza y cercanía del fin (Mt 24,32-36) *Aprended del ejemplo de la higuera… Cuando veáis todo esto, sabed que él ya está cerca… Aunque <u>aquel día y aquella hora nadie los conoce… ni el Hijo, sino sólo el Padre</u>.*

(Mc 13,28-31: *Aprended del ejemplo de la higuera…Velad porque ignoráis el momento… no sea que llegue de repente y os encuentre dormidos…*).

(Lc 21,29-33 *Les puso un ejemplo: mirad la higuera y todos los árboles… Os aseguro que no pasará esta generación antes de que suceda todo esto… El cielo y la tierra pasarán, pero mis palabras no pasarán*).

★★★ Otro ejemplo de que no hemos de tomar muchas frases bíblicas al pie de la letra. No ha pasado un generación, sino muchas y aún no ha llegado el fin. Eso sí, mantengámonos en vela y seamos prevenidos, como las cinco vírgenes prudentes…

Exhortación a la vigilancia (Mt 24, 37-44) *Como en los tiempos de Noé, así será la venida del Hijo del Hombre… aquel día y hora nadie lo conoce… sólo el Padre.- No se dieron cuenta hasta que vino el diluvio y los barrió a todos. Así sucederá cuando venga el Hijo del Hombre…. Estad en guardia, porque no sabéis en qué día va a venir vuestro Señor…*

★★★ Esta es la enseñanza: debemos estar permanentemente en vela, pero sin angustia, a la espera del Señor, que es todo y solo amor; y ha venido a salvar, no a condenar.

(Mc 13,32-37 como Mt.)

(Lc 17,26-30.34-36) *Como sucedió en los días de Noé, así será en los días del Hijo del Hombre…el que intente salvar su vida, la perderá… dos estarán en una mesa; a uno se lo llevarán y a otro lo dejarán…*

Parábola del criado fiel (Mt 24,45-51) *¿Quién es el criado fiel y prudente…? Dichoso ese criado, si al llegar su amo lo encuentra cumpliendo con su deber… su amo vendrá el día que él menos lo espere…*

(Lc 12,42-46) *dichoso ese criado, si al llegar su amo, lo encuentra cumpliendo con su deber.*

★★★ Nuevo aviso o recomendación: la vida del ser humano es una continua espera.

Parábola de las diez muchachas (Mt 25,1-13) *Sucede con el Reino de los Cielos lo que con aquellas diez muchachas…que salieron al encuentro del esposo…Cinco de ellas eran necias y cinco sensatas. Las necias llevaron sus lámparas, pero no se proveyeron de aceite, mientras que las sensatas llevaron las lámparas y alcuzas con aceite. Como el esposo tardaba, les entró sueño a todas y se durmieron… Las que estaban dispuestas entraron a las bodas… Más tarde llegaron las otras muchachas diciendo: ¡Señor, Señor, ábrenos! Y Él respondió: Os aseguro que no os conozco. Por tanto, estad en guardia porque no sabéis el día ni la hora.*

★★★ Dos cosas pueden llamarnos la atención: que las sensatas no quisieron compartir el aceite con las necias. Y que el esposo respondieran a las que llegaron tarde: "Os aseguro que no os conozco". El Señor es serio, formal; da muchas oportunidades, pero siempre hay una última, de ahí las palabras finales de la parábola: "estad en guardia, porque no sabéis el día ni la hora". A esta actitud sería bueno que uniéramos aquello de "a cada día le basta su preocupación", de modo que no perdamos el presente pensando en el pasado (que ya se perdió) o en el futuro (que nadie puede saber si llegará o no).

(Lc 12,35-38): *Estad preparados y tened encendidas vuestras lámparas… Sed como los criados que esperan a su amo de retorno de la boda… Si llega a medianoche o de madrugada y los encuentra así, ¡dichosos ellos!*

Parábola de los talentos o denarios (Mt 25,14-30): *Sucede también con el Reino de los Cielos lo que con aquel hombre que, al irse de viaje, llamó a sus criados y les confió su hacienda. A uno dio cinco talentos, a otro dos y a otro uno. Volvió el amo y pidió cuentas a sus criados. Llegó el que había recibido cinco y presentó otros cinco, diciendo: Señor, me diste cinco talentos, aquí tienes otros cinco que he ganado... Se presentó también el de los dos talentos... Has sido fiel en lo poco, te confiaré lo mucho... Se acercó también el que recibió un solo talento y dijo: Señor, sé que eres duro, que cosechas donde no has sembrado... tuve miedo y escondí tu talento en la tierra. Aquí tienes lo tuyo. Su amo le respondió: Siervo malo y holgazán... quitadle el talento y dádselo al que tiene diez. Porque al que tiene se le dará y le sobrará, pero al que no tiene, aun lo que tiene se le quitará. Y a ese criado inútil, echadlo a las tinieblas exteriores...*

(Lc 12,35-38 y Lc, en 19, 11-27, llama esta parábola "del capital y los intereses": *un hombre de la nobleza marchó a un país lejano para recibir la dignidad real y volver. PERO da a cada uno 10 monedas... El 1º le dijo ha producido 10 veces más; el 2º, cinco veces más, el 3º dijo: aquí tienes tu dinero, que he tenido guardado, tuve miedo de ti...Siervo malo y holgazán ¿Sabías que quiero cosechar donde no he sembrado y recoger donde no he esparcido... Quitadle, pues el denario y dádselo al que tiene diez, porque al que tiene se le dará, pero al que no tiene se le quitará... Y en cuanto a los que no me quisieron por rey, traedlos aquí y degolladlos en mi presencia...*(igual que Mt)

★★★ La enseñanza es fácil de sacar:1) recibimos una serie de capacidades, para que las hagamos producir. 2) no caigamos en imitar al que enterró el denario que había recibido, por miedo a su señor... ¡Cuánto daño nos hacen los miedos, todos ellos! 3) otra enseñanza más sutil, pero muy importante es que no echemos la culpa de nuestras faltas o otros (en la parábola, el siervo holgazán echa la culpa al señor de los criados) 4) en Mateo escuchan idénticas palabras de alabanza el que recibió 5 talentos y el que recibió 2, porque ambos duplican lo recibido: luego lo importante no es recibir más o menos, sino "duplicar lo recibido".

El juicio final (Mt 25,31-46): *Venid benditos al Reino preparado para **vosotros** desde el principio... Cuando lo hicisteis con uno de estos mis hermanos más pequeños, conmigo lo hicisteis... Apartaos de mí, malditos, al fuego eterno <u>preparado para el diablo y sus ángeles</u>.*

★★★ Tengamos claras las ideas: Dios nos ha creado a todos desde el principio para alcanzar el cielo, pero los ángeles rebeldes y algunas personas se ganan a pulso el infierno, usando mal su libertad.

LA PASCUA DEL HIJO DEL HOMBRE (Mt del 26,1 al 28,20):

Conspiración del Sanedrín (Mt 26,1-5): *Sabéis que dentro de dos días es la Pascua y el Hijo del Hombre será entregado para que lo crucifiquen… Se reunieron los sumos sacerdotes y los ancianos del pueblo… y acordaron prender a Jesús con engaño y darle muerte…*

★★★ Se trata de un juicio que está determinado antes de escuchar al reo, como a veces nos ocurre a nosotros: sentenciamos antes de conocer bien la cuestión sobre la que se habla.

(Mc 14,1-2) *decían: Durante la fiesta no, no sea que se alborote el pueblo.*

(Lc 22,1-2) como Mt y Mc y añade*: Satanás entró en Judas…*

(Jn 11,45-53) *Muchos de los judíos… creyeron en Jesús. PERO ALGUNOS se fueron a los fariseos y les contaron la resurrección de Lázaro… Caifás dijo: ¿No os dais cuenta de que nos conviene que muera un solo hombre por el pueblo antes que perezca la nación entera?… Desde aquel momento decidieron matarlo.*

Unción en Betania (Mt 26,6-13): *Se encontraba Jesús en Betania, en casa de Simón el leproso, cuando se acercó a él una mujer con un vaso de alabastro… Al ver esto los discípulos se INDIGNARON y decían:… Podía haberse… dado a los pobres. Jesús les dijo:… a los pobres los tendréis siempre con vosotros, pero a mí no…*

★★★ Se dice que todos los extremos son viciosos. Y ¡qué difícil resulta ese equilibrio entre el derroche y el gasto justo! Posiblemente esa mujer −como nosotros mismos-- hubiéramos sido criticados como "roñosos", si no hubiéramos realizado un reconocimiento de la grandeza de Jesús con ese costoso vaso de alabastro. Pero ella lo fue por haberlo hecho. Sin embargo, Jesús nos enseña que hay que saber distinguir entre unas ocasiones y otras; no pretender uniformar todas las situaciones, porque son distintas unas de otras.

(Mc 14,3-9) como Mt, pero con un matiz: Mateo dice "los discípulos" y Marcos: "algunos discípulos".

(Jn en 12,1-8) dice que *es María, la hermana de Lázaro quien le unge y que quien protesta es Judas Iscariote,… el que lo iba a entregar… "esto lo dijo no porque le preocuparan los pobres, sino porque era ladrón; y, como tenía la bolsa, robaba de lo que había en ella".*

★★★ Apreciemos las pequeñas diferencias entre unos evangelistas y otros, pequeñas pero muy interesantes. De ahí que sea bueno hacer una comparación entre los cuatro, para obtener un retrato más completo de Jesús, sin escandalizarnos.

Traición de Judas (Mt 26,14-16*) Entonces Judas Iscariote fue a los sacerdotes y les dijo ¿qué me queréis dar y yo os lo entrego… ellos le ofrecieron 30 monedas de plata.*

★★★ Fijémonos que Jesús lo había elegido; ¿Qué enseñanza podemos sacar de este caso?: que el problema no es meter la pata, sino no sacarla. El Señor nos dice: ¡sigue adelante, no te quedes en el fracaso!; ¡levántate siempre! Cristo experimentó también el fracaso, pero siguió confiando en el Padre y obedeciéndole.

★★★ La Nota de la B. de J. a Mt 25,15 dice que lo que le pagaron a Judas fue "treinta siclos (y no treinta denario, como se dice a menudo). Era el precio fijado por la Ley para la vida de un esclavo, en Éx 21,32. También en las diversas 'versiones' solemos encontrar variantes, que, a veces, son muy importantes.

(Mc 14,10-11): *ellos al oírlo, se alegraron y prometieron darle dinero —sin concretar.*

(Lc 22,3-6): *Satanás entró en Judas y éste fue a hablar con los sumos sacerdotes y con los jefes militares sobre la manera de entregárselo.*

Preparación de la cena pascual (Mt 26,17-19): *El primer día de la fiesta de los Panes ácimos se acercaron los discípulos a Jesús y le preguntaron: ¿Dónde quieres que te preparemos la cena de Pascua? Él contestó: Id a la ciudad a casa de Fulano y decidle…*

(Mc 14,12-16): más amplio que en Mt; *los discípulos llegaron a la ciudad y encontraron todo como les había dicho Jesús.*

(Lc 22, 7-13):... *Jesús envió a Pedro y a Juan diciéndoles: Id y preparad la cena de la Pascua... ¿Dónde quieres que la preparemos? Él les contestó: Al entrar en la ciudad encontraréis un hombre que lleva un cántaro de agua... Fueron y encontraron todo como les había dicho...*

★★★ Observemos los detalles cuando habla Jesús. Y pese a esto, los Apóstoles lo abandonarán en el momento decisivo de su crucifixión, abandono precedido de las tres negaciones de Pedro, el Jefe. Reconozcamos nuestra fragilidad y no desconfiemos del perdón del Señor. Esta conciencia nos afianzará en su amor y nos fortalecerá contra las debilidades.

Anuncio de la traición de Judas (Mt 26,20-25) *se puso Jesús a la mesa con los Doce... les dijo: Os aseguro que uno de vosotros me va a entregar... ¿Soy yo, Señor?... Entonces preguntó Judas, el que lo iba a entregar... Tú lo has dicho.*

★★★ ¿Fue audible para los otros la respuesta de Jesús a Judas? ¿Pasó inadvertida a los otros? cf. Jn 13,28b: Ninguno de los comensales supo qué le dijo Jesús a Judas con la expresión: 'Lo que tengas que hacer, hazlo pronto'.

(Mc 14,17-*21): Jesús dijo: uno de vosotros que come conmigo, me entregará... ¿Soy yo?....*

(Lc 22,14.21-23): *Se puso a la mesa con sus discípulos y les dijo: ¡Cuánto he deseado celebrar esta Pascua con vosotros... ved que la mano del que me entrega está conmigo en la mesa. Porque el Hijo del Hombre se va, según lo decretado; pero ¡ay del que lo entrega! Ellos empezaron a preguntarse unos a otros quién sería el que iba a hacer aquello).*

(Jn 13,19.21-30): *Os lo digo ahora antes de que suceda... El que reciba a quien yo envíe, me recibe a mí...*

La Cena pascual (Mt 26,26-30): *Durante la cena tomó pan... Tomad y comed. Esto es mi cuerpo... Después tomó un cáliz, dio gracias y se lo dio, diciendo: Bebed todos de él, porque esta es mi sangre, sangre de la nueva alianza,* que será derramada por <u>todos</u> para el perdón de los pecados... Después salieron hacia el monte de los Olivos...

(Mc 14,22-25): ...*Tomad, esto es mi cuerpo... Esta es mi sangre, la sangre de la alianza, que será derramada por todos.*

(Lc 22,15-20)... *¡Cuánto he deseado celebrar esta Pascua con vosotros antes de morir. Os digo que ya no lo comeré hasta que se cumpla en el Reino de Dios. Tomó una copa, dio gracias y dijo: Tomad y repartidla entre vosotros...Luego tomó pan, dio gracias, lo partió y se lo dio diciendo: Esto es mi cuerpo, que se entrega por vosotros; haced esto en memoria mía. Después de la cena hizo lo mismo con el cáliz, diciendo: Este cáliz es la nueva Alianza sellada con mi sangre, que es derramada por vosotros. Pero ved que la mano del que me entrega está conmigo en la mesa... ¡ay de aquel por quien es entregado! Ellos comenzaron a preguntarse unos a otros quién sería el que iba a hacer aquello.*

(1ª Cor 11,23-25): *Yo —Pablo- recibí del Señor lo que os he transmitido.*

★★★ Observemos que hay una copa antes de empezar la comida y otra una vez terminada; ésta es la del cáliz.

Predice las negaciones de Pedro (Mt 26,31-35): *Todos vais a fallar por mi causa esta noche, pues así lo dice la Escritura en Zac 13,7... Pedro le dijo: Aunque todos fallen por causa tuya, yo no fallaré. Jesús le dijo... antes que el gallo cante, me negarás tres veces...*

(Mc 14,27-31): igual que Mt.

(Lc 22, 31-34): *Simón, Simón, mira que <u>Satanás ha pedido poder</u> cribaros como el trigo, pero yo he rogado por ti <u>para que no desfallezca tu fe</u>. Y tú, cuando te arrepientas, confirma a tus hermanos... Te digo que no cantará hoy el gallo antes que hayas negado tres veces que me conoces); (Jn 13,36-38): Simón le preguntó: Señor, ¿a...dónde vas?... adonde yo voy me seguirás más tarde... te aseguro que antes que cante el gallo...*

★★★ Date cuenta que, si leemos los tres evangelios sinópticos intercalando lo que cada uno concuerda (en este caso con el de Mateo, que es el que he tomado de espina dorsal) de la experiencia, obtenemos una visión mucho más rica. Tú, lector/a, puedes completar este "retrato de Jesús" con lo que Marcos y Lucas aportan, que no esté en Mateo.

Agonía en Getsemaní (Mt 26,36–46): *Entonces Jesús fue con los discípulos a un huerto llamado Getsemaní y les dijo: Quedaos aquí mientras voy a orar un poco más allá. Se llevó consigo a Pedro y a los dos hijos de Zebedeo* (Santiago y Juan) (¿los tres enchufados?). *COMENZÓ A SENTIR TRISTEZA Y ANGUSTIA Y LES DIJO: ME MUERO DE TRISTEZA. Quedaos aquí y velad conmigo. Avanzó unos pasos más, cayó de bruces y se puso a orar así: Padre, si es posible, que pase de mí este cáliz, PERO no sea lo que yo quiero, sino lo que quieres tú.*

★★★ Es humano sentir tristeza y angustia, PERO en esas ocasiones pidamos al Padre como Jesús: 'si es posible, que pase de mí este cáliz'.

Volvió Jesús donde estaban los discípulos, los encontró dormidos y dijo a Pedro: ¿Con que no habéis podido velar una hora conmigo? Velad y orad para que no caigáis en tentación. El espíritu está dispuesto, pero la carne es débil.

De nuevo, por segunda vez, se fue a orar, diciendo: Padre mío, si no es posible que este cáliz pase sin que yo lo beba, hágase tu voluntad.

Volvió y los encontró dormidos, vencidos por el sueño. Los dejó y volvió a orar de nuevo, por tercera vez, repitiendo las mismas palabras. Después fue a los discípulos y les dijo: ¡De modo que durmiendo y descansando!. Ya llega la hora, y el Hijo del Hombre va a ser entregado en manos de los pecadores. Levantaos, vamos. El que me entrega llega ya.

★★★ No es muy lógico que con el drama de la noche uno se quede dormido. Pero con toda seguridad que la enseñanza que Jesús quiso que sacáramos nosotros al leer este suceso es que reconozcamos nuestra debilidad: ESTÁ CLARA LA LUCHA CARNE-ESPÍRITU, SENTIMIENTO-VOLUNTAD.

(Mc 14,32–42): *…velad y orad… Ya ha llegado la hora… Ya está aquí el que me va a entregar);* (Lc 22,39–46) no habla de los tres 'enchufaos', como hace Mateo sino de todos: "los 11 discípulos"):… *Padre, si quieres, aleja de mí este cáliz; pero no se haga mi voluntad, sino la tuya… Se le apareció* *un ángel reconfortándolo.* ENTRÓ EN AGONÍA Y ORABA MÁS INTENSAMENTE. SUDABA COMO GOTAS DE SANGRE;... *levantaos y orad.*

★★★ Los tres Evangelios sinópticos encuentran durmiendo a los discípulos: ¡qué difícil es hacer propio el dolor ajeno, incluso el de los que amamos!

Prendimiento de Jesús (Mt 26,47-56):... *Judas llegó, y dijo: ¡Hola, Maestro! Y lo besó. Jesús le dijo: Amigo, ¡a lo que vienes!... le echaron mano y lo prendieron... uno de los discípulos dio un golpe al criado y le cortó una oreja. Jesús le dijo: vuelve la espada a su sitio ¿o crees que no puedo pedir ayuda a mi Padre...? Pero ¿cómo se cumpliría entonces las Escrituras...?. Luego se dirigió a la gente y dijo: ¿Habéis venido a prenderme como a un ladrón... Pero todo esto sucede para que se cumpla lo que escribieron los profetas.* ENTONCES TODOS LOS DISCÍPULOS LO ABANDONARON Y HUYERON.

★★★ ¡Con qué señorío acepta Jesús la muerte! No se permitió no sentir como un auténtico humano y recurrir a su divinidad para evitarse "entrar en agonía", "sudar gotas de sangre", que los entendidos explican como fruto de la angustia y la tensión. Hombre en todo igual a nosotros, menos en el pecado. ¿Y nosotros cómo estamos viviendo: como hombres viejos o nuevas criaturas?

(Mc 14,43-50) como Mt.

(Lc 22, 47-53):... *Los (discípulos)que estaban con él, viendo lo que iba a ocurrir, le dijeron: Señor, ¿sacamos la espada? Uno de ellos (Pedro) dio un golpe al criado del sumo sacerdote y le cortó la oreja derecha. Pero Jesús dijo: ¡Dejadlos! Y tocando la oreja, lo curó.* Entonces nos recordó:...*Todos los días estaba con vosotros en el templo y no me echasteis mano, pero ésta es vuestra hora y el poder de las tinieblas.*

(Jn 18,3-12): *Judas, guiando a una tropa de soldados romanos y a los guardias que le habían procurado los sumos sacerdotes y fariseos, fue allí con linternas, antorchas y ARMAS. Jesús, que sabía todo lo que iba a sucederle, salió y les dijo: ¿A quién buscáis?... retrocedieron y cayeron en tierra... Si me buscáis a mí, dejad que éstos se vayan... Así se cumplió lo que él mismo había dicho: No he perdido ninguno de los que me confiaste... Entonces Simón Pedro, que tenía una espada, la sacó, dio un golpe al criado del sumo sacerdote y le cortó la oreja derecha...*

Jesús dijo a Pedro: Envaina de nuevo la espada ¿No tengo que beber el cáliz que el Padre me ha preparado?):

★★★ Pedro queda retratado en los evangelios como un hombre impulsivo, 'de temperamento primario', que mete la pata con frecuencia, pero una persona que amaba a Jesús de corazón. Pareciera que Dios ha permitido a los evangelistas cargar la pluma sobre él, para enseñarnos que nuestro amor a Jesús, como el suyo, tenemos que cuidarlo, porque hay amores que matan.

Te invito a leer "La piedra de la Fe. Luz para personas inquietas que aspiran al don de crecer"; en Editorial DidaCbook, calle Sagasta,6.- 23400 Úbeda (Jaén)

Jesús ante el Sanedrín: proceso religioso (Mt 26,57-68): *Los que prendieron a Jesús lo llevaron a casa de Caifás… Pedro lo había seguido de lejos, entró y se sentó con los criados para ver en qué paraba la cosa. Los sumos sacerdotes y el Sanedrín en pleno buscaban un falso testimonio contra Jesús para condenarle a muerte. Pero no lo encontraron…*

Al fin llegaron dos que informaron: Este dijo: Puedo derribar el templo de Dios y en tres días reedificarlo. El sumo sacerdote se levantó y le preguntó a Jesús: ¿No respondes nada a lo que éstos atestiguan contra ti?… Jesús permaneció CALLADO. El Sumo Sacerdote le insistió… Jesús RESPONDIÓ: Tú lo has dicho; y además os digo que desde ahora veréis al Hijo del Hombre sentado a la derecha del Padre y venir sobre las nubes del cielo. (Sal 110,1 y Dan. 7,13). Entonces el sumo sacerdote se rasgó las vestiduras y dijo: ¡Ha blasfemado!… ¿Qué os parece? ¡Qué es reo de muerte! Lo escupieron en la cara y le dieron bofetadas y puñetazos, mientras le decían: Adivina, Mesías, quién te ha pegado.

★★★ Hay similitud entre el diálogo de Pilato y el comportamiento de los soldados. Recordemos que Jesús no se dignó contestar a la autoridad.

(Mc 14, 53-65): *Llevaron a Jesús ante el sumo sacerdote y se reunieron todos… Muchos testificaban en falso contra él, pero no coincidían sus testimonios… El sumo sacerdote preguntó a Jesús: ¿No respondes nada a lo que éstos testifican? Él permaneció callado… De nuevo el sumo sacerdote le preguntó: ¿Eres tú el*

Mesías?... Yo soy... ¿Qué necesidad tenemos ya de testigos? Habéis oído la blasfemia. ¿Qué os parece? Todos lo condenaron a muerte...

★★★¡Cuánto daño hacen las ideas preconcebidas!. Seamos abiertos, dispuestos a estudiar toda propuesta que recibamos.

(Lc 22,54-55.63-71): *Pedro seguía a Jesús de lejos... Una criada lo vio sentado junto al fuego... Poco después otro, al verlo dijo: También tú eres de ellos... otro afirmó rotundamente...No conozco a ese hombre que decís. Mientras aún estaba hablando Pedro cantó un gallo. El Señor se volvió MIRÓ a Pedro...*); (Jn 18,12-14.19-24): *La tropa...y los guardias de los judíos le prendieron, ataron y lo llevaron 1º a Anás, por ser suegro de Caifás... Jesús le contestó: Yo he hablado públicamente... uno de los guardias le dio una bofetada... 2º a Caifás, enviado por Anás, el sumo sacerdote...*)

★★★La postura de Pedro nos enseña que no vale "seguir a Jesús de lejos", sino bien de cerquita, porque aun así resulta costoso...

Pedro niega a Jesús (Mt 26,69-75): *se le acercó a Pedro una criada y le dijo: Tú también estabas con Jesús, el galileo. Él lo negó delante de todos... lo vio otra criada y dijo: éste estaba con Jesús el Nazareno. Y él de nuevo <u>lo negó con juramento</u>. Se acercaron allí los que estaban y le dijeron: Seguro que tú también eres de ellos... él comenzó a <u>jurar y perjurar</u>: No conozco a ese hombre. Y en aquel instante cantó el gallo...*

★★★ SE VE PROGRESO en la caída: una criada, otra y la gente; NEGACIÓN-JURA-PERJURA: la enseñanza es: toda caída nos debilita, si no reaccionamos inmediatamente. Y mientras más tardemos, más empinada es la cuesta abajo por la que nos vamos a deslizar. Aprovechemos la primera reacción en caliente. No lo dejemos para "mañana".

(Mc 14,66-72): las tres negaciones de Pedro; (Lc 22,57-58.-62); (Jn 18,15-18.25-27)

Proceso político: Jesús ante Pilato (Mt 27,1-2) *Los sumos sacerdotes y los ancianos del pueblo decidieron condenar a muerte a Jesús. Lo ataron y lo llevaron al gobernador Pilato.*

(Mc 15,1) *Al amanecer celebraron consejo los sumos sacerdotes, los ancianos, los maestros de la Ley y el Sanedrín en pleno. Ataron a Jesús, lo llevaron y se lo entregaron a Pilato).*

(Lc 23,1-2) *Lo condujeron a Pilato y comenzaron a acusarle:...*

(Jn 18,28-32 *De casa de Caifás llevaron a Jesús al gobernador. Era de madrugada. Pilato preguntó: ¿qué acusación traéis contra este hombre?... Si no fuera un criminal, no te lo hubiéramos entregado... A nosotros no se nos permite condenar a muerte a nadie. Así se cumplió la palabra que había dicho Jesús... Pilato llamó a Jesús y le preguntó: ¿eres tú el rey de los judíos?...*

★★★ La razón de este llevar a Jesús a Pilato era que los judíos no podían condenar a muerte y, como hemos visto, tenían decidido quitarlo del medio. ¿No es verdad que también nosotros nos autoengañamos, a veces?

Muerte de Judas (Mt 27,3-10) *Judas, el traidor, al ver que Jesús había sido condenado... tiró en el templo las monedas, fue y SE AHORCÓ.*

(Hech 1,18-19: *Con lo que le dieron por el delito Judas se compró un terreno, se tiró desde lo alto, se reventó por medio y se desparramaron todas sus entrañas. Esto fue conocido por todos los habitantes de Jerusalén, de modo que el campo se llamó... "campo de sangre". Está escrito en Sal 69,26 y 109,8.*

★★★ Observemos que el evangelio de Mateo escribe distinto: *los judíos decidieron comprar "el campo del alfarero". Así se cumplió Jer. 32,6-9 y Zac 11,12-13.* Y apreciemos que 'pecado llama a pecado. De ahí la importancia del arrepentimiento inmediato.

Pilato interroga a Jesús: (Mt 27,11-14) *Pilato le preguntó: ¿Eres tú el rey de los judíos? Jesús respondió: Tú lo dices. Pero nada respondió a las acusaciones que le hacían los sumos sacerdotes y los ancianos. Pilato le preguntó: ¿No oyes todo lo que dicen? Pero ÉL NO LE RESPONDIÓ NADA, hasta el punto de que EL GOBERNADOR SE QUEDÓ MUY EXTRAÑADO.*

(Mc 15,2-5) igual que Mt.

(Lc 23,3-5) igual que Mt, pero añade: *No encuentro ninguna culpa… Pilato preguntó si Jesús era galileo… se lo envió a Herodes…*).

★★★Aquí quedamos retratados cuando viendo venir la tormenta, no nos ponemos a resguardo. Pilato no encontró "culpa ninguna" y en lugar de dejar en libertad a Jesús, enreda a Herodes en el caso.

(Jn 18,33-38):… *Mi reino no es de este mundo, si mi reino fuera de este mundo, mis súbditos lucharían… Pero mi reino no es de aquí… Tú lo dices: yo soy rey. Yo para eso nací y para eso he venido al mundo: para dar testimonio de la verdad. Todo el que es de la verdad escucha mi voz…*)

★★★Jesús testimonia su señorío e idéntica dignidad, sin acobardarse por verse delante de las autoridades. Bien había dicho: "Yo soy el camino, la verdad y la vida"… hasta el final. Tenemos que tomar ejemplo. Nosotros tampoco somos de este mundo…

Jesús sentenciado a muerte (Mt 27,15-26) *Pilato preguntó a todos los que estaban allí: ¿A quién queréis que os deje en libertad? ¿A Barrabás o a Jesús, a quien llaman el Mesías? Pues sabía que lo habían entregado por envidia. Estando en el tribunal, su mujer mandó a decirle: no resuelvas nada contra ese justo… Los sumos sacerdotes y ancianos convencieron a la gente. Pilato volvió a preguntarle ¿a quién de los dos queréis que os suelte?… A Barrabás. Pilato les dijo: ¿Qué haré entonces con Jesús…?. Todos dijeron: ¡que lo crucifiquen! ¿Pues qué mal ha hecho? Ellos gritaron más fuerte: ¡Que lo crucifiquen!… Soy inocente de esta sangre… les entregó a Jesús, después de azotarlo para que lo crucificaran.*

★★★ PILATO se comportó COMO NOSOTROS, que con cierta frecuencia SABEMOS QUE NO DEBEMOS HACER ALGO MALO Y TERMINAMOS HACIÉNDOLO. Los sumos sacerdotes no querían un juicio, sino la muerte de Jesús; e incluso intentan razonarlo con aquello de "Es necesario que muera uno por todo el pueblo". ¿No nos ocurre también a nosotros: en algunas discusiones queremos sacar adelante nuestra opinión en lugar de encontrar la verdad, dándonos falsas razones…

★★★ Pilato es un personaje del que podemos sacar muchas enseñanzas: 1) pretende salvar al que sabe inocente. 2) entra en diálogo con los contrarios y poco a poco se va pasando a su bando. 3) prefiere matar al inocente antes que perder el puesto de Gobernador. 4) no hace caso al aviso que le manda su mujer, etc. Es muy importante aprender de nuestros propios fallos y de los fallos de los demás.

(Mc 15,6-15): *llegó la gente y empezó a pedirle la gracia que solía concederles. ¿Queréis que os ponga en libertad al rey de los judíos? Pilato sabía que los sumos sacerdotes lo habían entregado por envidia. Azuzaron al pueblo para que pidiera la libertad de Barrabás. Pilato les dijo ¿qué queréis que haga con el rey de los judíos? ¡Crucifícalo! Entonces, queriendo satisfacer a la gente, les puso en libertad a Barrabás y les entregó a Jesús para que lo azotaran y lo crucificaran.*

(Lc 23, 13-25): *Pilato les dijo: Me habéis traído a este hombre… yo lo he interrogado delante de vosotros y no lo he encontrado culpable de las cosas de que lo acusáis. Herodes tampoco, puesto que lo ha devuelto. Es evidente que no ha hecho nada que merezca la muerte. Por tanto, lo pondré en libertad después de haberlo castigado… Mata a éste y deja en libertad a Barrabás… De nuevo Pilato les habló, pues quería dejar en libertad a Jesús. Pero ellos gritaron: ¡Crucifícalo!… Pilato, por tercera vez, les dijo: Pero ¿qué mal ha hecho? No he encontrado en él causa alguna de muerte; por tanto lo dejaré en libertad después de haberlo castigado. Pero ellos insistían… Pilato decidió que se hiciera como pedían… y les entregó a Jesús para que hicieran con él lo que quisieran.*

★★★ ¡Qué evidente queda en este diálogo que Pilato quería salvar a Jesús y quedar bien con los judíos! Esta fue su ruina, porque condenó a muerte a un inocente. ¿Qué enseñanza sacas tú, lector/a? ¿No te ves retratado en el comportamiento de Pilato?. Entretenernos en la tentación es causa frecuente de la caída. Nuestro Señor es un 'Dios celoso', que no comparte su lugar con ningún otro dios. Dejémonos de 'componendas'. Seamos valientes y decididos.

(Jn 18,39 y 19,1-16: *Pilato salió fuera otra vez y dijo a los judíos: Yo no encuentro en él culpa alguna (v.18,39)… (Jn 19,1-16): Entonces Pilato mandó azotar a Jesús… Los soldados trenzaron una corona de espinas, se la pusieron en la cabeza, le vistieron un manto de púrpura y, acercándose a él, le decían. ¡Salve, rey de los judíos!… Pilato salió otra vez fuera y les dijo: Ved que os lo saco para que sepáis que no encuentro en él culpa alguna… ¡Aquí tenéis al hombre!… Tomadlo vosotros y crucificadlo, pues yo no encuentro culpa en él… Se proclama*

Hijo de Dios. Pilato, al oír esto, tuvo más miedo… Le peguntó a Jesús: ¿De dónde eres tú? Pero Jesús no le contestó. Pilato le dijo: ¿No sabes que puedo darte la libertad o crucificarte? Jesús le respondió: No tendrías ningún poder sobre mí si no te lo hubiera dado Dios… Desde entonces Pilato buscaba la manera de dejarlo en libertad. Pero los judíos gritaban: Si lo dejas en libertad no eres amigo del César… Pilato dijo a los judíos: Aquí tenéis a vuestro rey. Ellos gritaron: ¡Fuera!, ¡fuera!, 'Crucifícalo! Dijo Pilato: ¿A vuestro Rey voy a crucificar? No tenemos más rey que el César. Y se lo entregó para que lo crucificaran.)

★★★ Hemos de aprender de cada uno de los personajes que aparecen: Pilato convencido de que Jesús era inocente, pero termina "entregándolo a los que –sin atender a ninguna razón ni la autoridad del Gobernador-- sólo querían crucificarlo.

★★★ Pilato, sintió miedo a la posible denuncia de los judíos al César y perder su puesto. Todos los miedos nos hacen perder la libertad y el amor a la verdad.

★★★ Los judíos, encabezados por sus jefes, manipulan a la masa y sólo buscan que Pilato lo condene a muerte, porque ellos no tenían la autoridad necesaria.

★★★ Jesús, lejos de amilanarse por lo que le venía encima, se comporta con dignidad: "no contesta al Gobernador, del cual dependía su vida, y le da una lección: no tendrías ningún poder sobre mí si no te lo hubiera dado Dios". Deja claro que en la vida de cada día interviene Dios. Pero que esto no nos lleve a creer que no tenemos libertad y -consiguientemente- responsabilidad.

Coronación de espinas (Mt 27,27-31) *los soldados del gobernador se llevaron a Jesús al pretorio y reunieron en torno a él toda la tropa, lo desnudaron, le vistieron una túnica de púrpura, trenzaron una corona de espinas y se la pusieron en la cabeza_y una caña en su mano derecha; luego, arrodillándose ante él se burlaban diciendo… le escupían y le pegaban con la caña. Después… le pusieron sus ropas y lo llevaron para crucificarlo…*

(Mc 15,16-20 Los soldados llevaron a Jesús dentro del palacio… después de haberse burlado de él le pusieron sus ropas y lo llevaron a crucificar).

(Jn 19,2-3): como Mt y Mc.

★★★ La chusma suele actuar así. La masa es siempre más fácil de manipular que el individuo.

Crucifixión (Mt 27,32-44) *Cuando salían, encontraron a un vecino de Cirene, llamado Simón, y le obligaron a llevar la cruz… Al llegar al Gólgota dieron de beber a Jesús vino mezclado con hiel; pero él lo probó y no lo quiso beber* (¿POR MALO, POR BUENO?)… *se repartieron sus vestidos a suertes. Y se sentaron allí para custodiarlo… Con él crucificaron a dos ladrones… Los que pasaban por allí le insultaban moviendo la cabeza y diciendo: ¡Tú que destruías el templo y lo reedificabas en tres días, sálvate a ti mismo! Si eres Hijo de Dios, ¡baja de la cruz!… Hasta los ladrones crucificados con él lo insultaban.*

(Mc 15, 21-32): como Mt.

★★★Solemos decir que todos abusamos del más débil. También esto lo vivió Jesús, por ti, por mí y por nosotros todos. No lo olvidemos.

(Lc 23, 26-43… *Lo seguía mucha gente del pueblo y mujeres que se daban golpes de pecho y se lamentaban por él. Jesús se volvió a ellas y les dijo: no lloréis por mí, porque vienen días en que se dirá: 'Dichosas las estériles, los vientres que no han dado a luz… se dirá a las montañas:"caed sobre nosotros, y a los collados: sepultadnos (Os 10,8)… Jesús decía: Padre, perdónalos, porque no saben lo que hacen… Las mismas autoridades se burlaban… Uno de los criminales crucificados le insultaba diciendo: ¿No eres tú el Mesías? Sálvate a ti mismo y a nosotros. Pero el otro le reprendió…y decía: Jesús, acuérdate de mí cuando vengas como rey. Jesús le contestó: Te aseguro que hoy estarás conmigo en el paraíso… las tinieblas cubrieron toda la tierra hasta las 3 de la tarde… Jesús dijo: Padre, en tus manos encomiendo mi espíritu (Sal 31,6). Dicho esto, expiró.…*

★★★ Somos unos distintos de otros, aunque para el Derecho parezca que somos iguales. ¡Qué enseñanza más buena la del 'buen ladrón' arrepintiéndose, y la de Jesús perdonándolo! No abusemos esperando a arrepentirnos en el último instante, como dicen algunos.

(Jn 19,17-27:… *Pilato mandó poner sobre la cruz: Jesús Nazareno, el rey de los judíos… Los sumos sacerdotes dijeron a Pilato: No escribas "El Rey de los judíos", sino más bien "Este hombre ha dicho que era rey de los judíos". Pilato respondió: lo escrito, escrito está… Se repartieron los vestidos, menos la túnica, para que se cumpliera la Escritura en Sal 22,19. Estaban en pie junto a la cruz de Jesús su madre, María de Cleofás, hermana de su madre, y María Magdalena. Jesús, al ver a su madre y junto a ella el discípulo preferido, dijo a su madre: Mujer, ahí tienes a tu hijo. Luego dijo al discípulo: Ahí tienes a tu madre. Y desde aquel momento el discípulo se la llevó con él).*

★★★ ¿No te resulta llamativo que junto a la cruz estuvieran las mujeres y el Apóstol más joven, mientras que los otros –incluido el fanfarrón de Pedro– abandonaran a su Maestro? ¿Te ves retratado en esta situación o no?

★★★ Lo mismo que nos dijo Jesús que su madre y sus hermanos eran quienes escuchan su Palabra y la ponen en práctica, ahora se nos encomienda la Madre, María; y a cada uno de nosotros se nos encarga cuidar de ella como buenos hijos. ¿Te animas?

Muerte de Jesús (Mt 27,45-56) *Hacia las tres de la tarde Jesús gritó con voz potente: Elí, Elí…Dios mío, Dios mío, ¿por qué me has abandonado?… Muchos que estaban muertos resucitaron El Centurión y los suyos –no judíos- dijeron: ¡este era hijo de Dios! Había también allí, mirando desde lejos <u>muchas mujeres</u> que habían seguido a Jesús…*

★★★ ¡Qué lección más importante!: Jesús se sintió abandonado del Padre, pero no renegó de su fe y cumplió fielmente hasta el final la voluntad del Padre. ¿Cuántas veces le hemos echado en cara a Dios –tú y yo- que nos ha abandonado? En las Escrituras son bastantes las veces en las que un 'extranjero' da una lección a los que somos del pueblo de Dios. Otra lección es el comportamiento de "las mujeres", que el Papa Francisco parce querer poner de relieve en nuestros días.

(Mc 15,33-41 como Mt);

(Lc 23,44-49 *las tinieblas cubrieron toda la tierra… Jesús con fuerte voz dijo: en tus manos encomiendo mi espíritu –Sal 31,6—El centurión daba gloria a Dios diciendo: este hombre era justo. Toda la gente regresaba dándose golpes de pecho. Todos los conocidos de Jesús estaban a distancia, igual que las mujeres que lo habían seguido desde Galilea, presenciando todo esto*

★★★¿FRUSTRADAS?, ¿ESPERANZADAS? ¿Seguras en su fe?... Lo importante que se nos dice es que "lo habían seguido (a Jesús) desde Galilea". A toro pasado todo es fácil, pero a toro presente, no...

(Jn 19,28-30: *sabiendo Jesús que todo se había consumado, para que se cumpliera la Escritura, dijo: "Tengo sed"... empaparon una esponja en vinagre... cuando Jesús lo probó, dijo: todo está cumplido. Y entregó el espíritu*).

★★★ ¡Qué muerte tan linda, si también nosotros pudiéramos decir en ese momento: "Todo está cumplido"!

Jesús es sepultado (Mt 27,57-61) *Vino un hombre rico, José de Arimatea, que era también discípulo de Jesús, pidió a Pilato el cuerpo de Jesús y lo depositó en su propio sepulcro nuevo... Estaban allí Mª Magdalena y la otra María, sentadas frente al sepulcro.*

(Mc 15, 42-47): *José de Arimatea, miembro distinguido del Sanedrín, que esperaba también el Reino de Dios, se atrevió a ir a Pilato a pedirle el cuerpo de Jesús. Pilato se extrañó de que ya hubiese muerto... José compró una sábana, lo bajó de la cruz, lo envolvió en la sábana... Mª Magdalena y María la madre de José, estuvieron mirando dónde lo ponían*).

(Lc 23, 50-56: no da el nombre de las mujeres, pero afirma: *"las mujeres que habían acompañado a Jesús desde Galilea lo siguieron de cerca".*

(Jn 19,38-42:... *José de Arimatea fue y se llevó el cuerpo de Jesús... Llegó también Nicodemo, aquel que anteriormente había estado con él (Jesús) por la noche. Se llevaron el cuerpo de Jesús... había un huerto y en el huerto un sepulcro en el que nadie había sido sepultado...*).

★★★ José de Arimatea y Nicodemo fueron dos 'discípulos secretos' de Jesús. No se atrevieron a hacer pública su fe, pero el Señor los acogió en su corazón.

El sepulcro custodiado: (Mt 27,62-66) *Al día siguiente… los sumos sacerdotes y los fariseos fueron juntos a Pilato y le dijeron: Señor… manda asegurar el sepulcro, no sea que sus discípulos lo roben, y digan al pueblo: 'Ha resucitado', y el último engaño sea peor que el primero… Tenéis guardias, id y aseguradlo como creáis conveniente… Ellos fueron y aseguraron el sepulcro, sellando la piedra y montando la guardia.*

★★★ La enseñanza de este pasaje es que no podemos hacer nada contra las decisiones de Dios: sellaron la piedra del sepulcro y pusieron guardia… pero todo fue inútil. Esta escena nos recuerda cuando Pablo es liberado de la cárcel por un ángel (cf. Hech 16,21-31)

Resurrección de Jesús (Mt 28,1-10) *Al rayar el alba del primer día de la semana, fueron María Magdalena y <u>la otra María</u> a ver el sepulcro. De pronto hubo un gran terremoto. Un ángel bajó del cielo, se acercó, hizo rodar la losa y se sentó en ella… los guardias temblaron de miedo y se quedaron como muertos. Pero el ángel, dirigiéndose a las mujeres les dijo: No temáis. Sé que buscáis a Jesús el crucificado; no está aquí, ha resucitado, como dijo… id en seguida a decir a sus discípulos: Ha resucitado… De pronto Jesús salió a su encuentro… decid a mis hermanos que vayan a Galilea; allí me verán.*

(Mc 16,1-8): *María Magdalena, María la madre de Santiago (Zebedeos) y Salomé compraron perfumes… Levantaron los ojos y vieron que la losa había sido removida… entraron en el sepulcro y, al ver un joven sentado, se asustaron… Id, a decir a sus discípulos… Salieron huyendo porque se había apoderado de ellas el temor y el espanto, y no dijeron nada a nadie porque tenían miedo.*

★★★NO OBEDECIERON, la señal evidente de que el miedo (temor y espanto) no acerca a Dios, sino que aleja. En muchas formas distintas solemos padecer esta incapacidad de manifestar nuestras experiencias de Dios: ¡No temáis, sed valientes! nos dice Jesús.

(Lc 24,1-12): *VOLVIERON AL SEPULCRO "LAS MUJERES QUE HABÍAN ACOMPAÑADO A Jesús desde Galilea, Mª Magdalena, Juana y Mª la de Santiago y las demás que estaban con ellas… los apóstoles no las creían… Pedro se levantó y se fue corriendo al sepulcro; se asomó… y regresó a casa maravillado"…)*

(Jn 20,1-9): *María Magdalena fue al sepulcro y vio la piedra quitada. Fue corriendo a decírselo a Pedro y a Juan… Iban los dos juntos, pero Juan llegó antes, mas no entró… no había entendido aún la Escritura según la cual Jesús tenía que resucitar.*

★★★ Entender las Escrituras es un proceso largo: LAS VAMOS ENTENDIENDO POCO A POCO, si somos constantes, humildes y dóciles.

(Jn 20,14-18): *María Magdalena vio a Jesús de pie, pero no sabía que era Jesús. Él le preguntó: Mujer ¿Por qué lloras? ¿a quién buscas?… Señor, si te lo has llevado tú, dime dónde lo has puesto… ¡María! ¡Maestro!… di a mis hermanos que me voy con mi Padre y vuestro Padre, con mi Dios y vuestro Dios… María Magdalena fue a decir a los discípulos que había visto al Señor y a anunciarles lo que él le había dicho).*

★★★ ¡Qué papel tan importante desempeñaron las mujeres en la vida de Jesús! ¿Cómo es que en la Iglesia han ido perdiendo protagonismo? El Papa Francisco ha insistido varias veces que hemos de recuperarlas seriamente. ¿Qué podríamos hacer tú y yo?

Soborno de los guardias (Mt 28,11-15) *Mientras las mujeres se iban, algunos de los guardias fueron a la ciudad y contaron a los sumos sacerdotes todo lo que había ocurrido. Éstos se unieron con los ancianos y acordaron dar bastante dinero a los soldados advirtiéndoles: Decid que sus discípulos fueron de noche y lo robaron mientras dormíais. Y si eso llega por casualidad a los oídos de gobernador, nosotros le convenceremos y conseguiremos que no os castigue. Ellos tomaron el dinero e hicieron como les habían dicho. Y este rumor se divulgó hasta hoy.*

★★★ Con frecuencia la Palabra de Dios nos habla de situaciones que todavía hoy persisten, p.ej. guerras, sobornos… ¿Cuál ha de ser nuestra actitud ante estas palabras y estos sucesos?

Aparición en Galilea (Mt 28,16-20) *Los once discípulos fueron a Galilea… Al ver a Jesús lo adoraron. Algunos habían dudado hasta entonces. Jesús se acercó y les dijo: se me ha dado plena autoridad en el cielo y en la tierra. Id, pues, y haced discípulos míos de todos los pueblos, bautizándolos… y enseñándoles a poner por* obra *TODO lo que yo os he mandado*. *Sabed que yo estoy con vosotros todos los días hasta el fin del mundo.*

★★★ También nosotros dudamos más de una vez, pero la cercanía con Jesús, el trato íntimo –no rutinario- con Él es la fuerza que deshace nuestras dudas.

(Mc 16,14-18): *después se apareció a los once y **les reprendió** su incredulidad y dureza de corazón porque no habían creído a los que lo habían visto. Y les dijo: id por todo el mundo y PREDICAD… el que crea y sea bautizado se salvará, pero el que no crea se condenará. A los que crean les acompañarán estos PRODIGIOS. En mi nombre echarán demonios, hablarán lenguas nuevas, agarrarán las serpientes y, aunque beban veneno, no les hará daño; pondrán sus manos sobre los enfermos y los curarán.*

★★★ Al leer a Marcos sintamos que los reprendidos-corregidos somos nosotros, cada uno de nosotros. No seamos incrédulos, sino creyentes. Dejemos que el Señor nos ayude a cambiar nuestro corazón de piedra en un corazón humano (de carne).

(Mc 16,20): *Fueron a predicar por todas partes y el Señor cooperaba con ellos y confirmaba su doctrina con los prodigios que los acompañaban.*

★★★ Toda nuestra vida es un prodigio. No esperemos cosas grandes, llamativas, sino veamos al Señor en los acontecimientos diarios, pequeños y aparentemente vulgares.

(Lc 24,36-49):*… se presentó en medio de ellos y les dijo: la paz esté con vosotros. ATERRADOS Y LLENOS DE MIEDO, creían ver un espíritu. Él les dijo ¿por qué os asustáis y dudáis en vuestro interior? Ved mis manos… es necesario que se cumpla todo lo que está escrito acerca de mí en la Ley de Moisés, en los Profetas y en los Salmos… Vosotros quedaos en la ciudad hasta que seáis revestidos de la fuerza que viene de lo alto= el Espíritu Santo).*

★★★ El Señor es la paz y trae la paz. Liberémonos del miedo y lo comprobaremos.

(Jn 20,19-23) *En la tarde del día primero de la semana, estando los discípulos con las puertas cerradas <u>por miedo a</u> los judíos, llegó Jesús…Recibid el Espíritu Santo: a quienes perdonéis….*

★★★ Nosotros también hemos recibido el Espíritu Santo ¿cuándo?: en el Bautismo. Desde entonces nos habita y por eso somos "Templos de Dios". Guardémoslo en el corazón y recordémoslo = démosle vueltas, como hizo María con lo que vio y escuchó de su Hijo. La partícula "re" significa 'otra vez" (representar = volver a presentar una obra) y "cordar" viene del latín: cor, cordis, que significa "corazón".

(Hech 1,6-8 *No salgáis de Jerusalén, sino aguardad la promesa que os hice de parte del Padre… seréis bautizados en el Espíritu Santo dentro de pocos días. Los que estaban con Él le preguntaron: Señor ¿vas a restablecer ya el reino de Israel? No os toca a vosotros saber los tiempos y las circunstancias… pero recibiréis la fuerza del Espíritu Santo que vendrá sobre vosotros para que seáis mis testigos en Jerusalén, en toda Judea, en Samaria y hasta los confines de la tierra… Lo vieron elevarse… Mientras miraban fijamente al cielo viendo cómo se marchaba, se les aparecieron dos hombres vestidos de blanco, que les dijeron: Galileos ¿qué hacéis ahí mirando al cielo? Este Jesús que acaba de subir al cielo volverá tal como lo habéis visto marcharse).*

★★★ Estas palabras finales del Evangelio son directamente para cada uno de nosotros y resumen todo lo que Jesús quiso transmitirnos: los enviados de HOY somos tú y yo, lector/a. Y la misión o tarea es la misma que recibieron los Once: no miremos al cielo embobados, bajemos a esta tierra de cada día y comprometámonos en hacerla más "humana".

★★★ **Mateo lo resume así**: Hemos sido enviados −cada uno-- a "todo el mundo" a hacer discípulos de Jesús.

★★★ Oremos siempre por todos, los que ya están en la Iglesia de Cristo, los que estuvieron y se han marchado y todos aquellos que todavía no han ingresado. Empecemos por nuestra propia casa, familia y vecindad, pero no nos quedemos ahí; dejemos que nuestra oración y acción sea como la gota de aceite que rompe sus propios límites. ¡¡Sepamos que el Señor está con nosotros −todos los días-- hasta el fin del mundo!!

PARTE II

¿NOS PONE A PRUEBA DIOS? ¿LE PONEMOS NOSOTROS A ÉL?

1. ¿NOS PONE A PRUEBA DIOS?

1.1 Pruebas de parte de Dios:

-a Abraham

"Después de algún tiempo, Dios puso a prueba la fe de Abraham… Toma a Isaac, tu único hijo, al que tanto amas, y vete a la tierra de Moria. Una vez allá ofrécelo en holocausto sobre el cerro que yo te señalaré… No le hagas ningún daño al muchacho, porque ya sé que tienes temor de Dios, pues no te negaste a darme tu único hijo" (Gén 22, 1-19)

"Estamos en un tiempo de calamidades y terribles castigos. Pero ustedes hijos míos tengan celo por la ley y sacrifiquen sus vidas por la alianza que hizo Dios con nuestros antepasados. Acuérdense de lo que ellos hicieron en su tiempo, y obtendrán gran honor y fama inmortal. Dios puso a prueba a Abraham. Lo encontró fiel y lo aceptó como justo. En medio de su situación adversa, José cumplió los mandamientos y llegó a ser señor de Egipto. Pinjás, nuestro antepasado, mostró gran celo y recibió la promesa de un sacerdocio eterno" (1° Mac 2,49b-54)…

"Abraham…cumplió las órdenes del Altísimo e hizo una alianza" (Ecl° 44, 19-20)

–a otras personas:

"Señor, hazme justicia, pues mi vida no tiene tacha. En ti, Señor, confío firmemente. Examíname, ¡ponme a prueba!, ¡pon a prueba mis pensamientos y mis sentimientos más profundos!. Yo tengo presente tu amor y te he sido fiel. Jamás conviví con los mentirosos, ni me junté con los hipócritas. Odio las reuniones de los malvados. ¡Jamás conviví con los perversos!" (Sal 26 (25), 1-5).

"Aquella vez, cuando no dudaste en levantarte y dejar servida la comida para ir a enterrar a aquel muerto, Dios me envió a ponerte a prueba. Y ahora también me ha enviado Dios a sanarte…" (Tob 12,13).

"Hijo mío, si tratas de servir al señor, prepárate para la prueba. Fortalece tu voluntad y sé valiente, para no acobardarte cuando llegue la calamidad. Aférrate al Señor y no te apartes de él. Así, al final, tendrás prosperidad. Acepta todo lo que te venga y sé paciente si la vida te trae sufrimientos. Porque el valor del oro se prueba en el fuego, y el valor de los hombres en el horno del sufrimiento. Confía en Dios y él te ayudará. Procede rectamente y él te ayudará" (Ecl° 2, 1-6)

–a los israelitas en general:

"La gente empezó a hablar mal de Moisés y preguntaban: ¿qué vamos a beber?. Entonces Moisés pidió ayuda al Señor, y él le mostró un arbusto. Moisés echó el arbusto al agua, y el agua se volvió dulce. Allí el Señor les puso a prueba, y les dio una ley y una norma de conducta. Les dijo: <Si ponen ustedes toda su atención en lo que yo, el Señor su Dios, les digo, y si hacen lo que a mí me agrada, obedeciendo mis mandamientos y cumpliendo mis leyes, no les enviaré ninguna de las plagas que envié sobre los egipcios, pues yo soy el Señor, el que los sana a ustedes" (Ex 15,24-26).

"Háblanos tú y obedeceremos, pero que no nos hable Dios, no sea que muramos. Y Moisés les contestó: No tengan miedo. Dios ha venido para ponerlos a prueba y para que siempre sientan temor de él, a fin de que no pequen. Y mientras el pueblo se mantenía alejado, Moisés se acercó a la nube oscura en la que estaba Dios" (Ex 20,19b-21).

"Estos son los pueblos (extranjeros) que el Señor dejó en la región para poner a prueba a los israelitas que aún no habían nacido cuando se luchó por conquistar

Canaán. El Señor los dejó para que aprendieran a luchar los que nunca habían estado en el campo de batalla" (Jue 3, 1-2)

"¡Naciones, bendigan a nuestro Dios! ¡hagan resonar himnos de alabanza!. Porque nos ha mantenido con vida; no nos ha dejado caer. Dios nuestro: tú nos has puesto a prueba, ¡nos has purificado como a la plata!; nos has hecho caer en la red; nos cargaste con un gran peso. Dejaste que un cualquiera nos pisoteara, hemos pasado a través de agua y fuego, pero al fin nos has dado respiro" (Sal 66 (65), 8-12).

Hermanos míos, si estáis sometidos a tentaciones diversas, consideradlo como una alegría, sabiendo que la prueba de vuestra fe produce constancia. Pero haced que la constancia dé un resultado perfecto, para que seáis perfectos e íntegros, sin defectos en nada (Sant. 1, 2-4)

Muy a gusto presumo de mis debilidades, porque así residirá en mí la fuerza de Jesucristo. Por eso vivo contento en medio de mis debilidades... (2ª Cor. 12, 9b-10)

Desnudo salí del vientre de mi madre (...) Si aceptamos de Dios los bienes ¿no vamos a aceptar los males? (Job 1,21 y 2, 10b)

2. ¿Ponemos a prueba a Dios?

(Dijo Judit) *"Escuchadme, príncipes de la ciudad de Betulia: no es acertado lo que hoy habéis dicho al pueblo, como tampoco el juramento que habéis interpuesto entre Dios y vosotros diciendo que entregaríais la ciudad a vuestros enemigos si en esos días no viniere el Señor en vuestro auxilio. ¿Quiénes sois vosotros para tentar a Dios, los que estáis constituidos en lugar de Dios en medio de los hijos de los hombres? ¿Al Dios omnipotente pretendéis poner a prueba? Si no podéis sondear la profundidad del corazón humano ni comprender sus pensamientos, ¿cómo vais a escudriñar a Dios, el Creador de todas las cosas; a penetrar su mente y comprender sus pensamientos?* (Judit 8, 11-14)

"No pongan a prueba al Señor su Dios, como lo hicieron en Masá. Cumplan fielmente los mandamientos del Señor su Dios, y los mandatos y leyes que les ha mandado. Hagan lo que es recto y agradable a los ojos del Señor, para que les vaya bien y tomen posesión de la buena tierra que el Señor juró dar a los antepasados

de ustedes, y para que el Señor haga huir a todos los enemigos que se enfrenten a ustedes, tal como lo ha prometido" (Deut 6, 16-20).

"Si hoy escuchan ustedes lo que Dios dice, no endurezcan su corazón como aquellos que se rebelaron y pusieron a Dios a prueba en el desierto. Allí me pusieron a prueba los antepasados de ustedes, aun cuando habían visto mis obras durante cuarenta años. Por eso me enojé con aquella generación y dije: andan siempre extraviados en su corazón y no han querido conocer mis caminos. Por eso juré en mi furor que no entrarían en mi reposo. Hermanos cuídense de que ninguno de ustedes tenga un corazón tan malo e incrédulo que se aparte del Dios viviente. Al contrario, anímense unos a otros cada día, mientras dura ese "hoy" de que habla la Escritura, para que ninguno de ustedes sea engañado por el pecado y su corazón se vuelva rebelde; porque nosotros tenemos parte con Cristo, con tal de que nos mantengamos firmes hasta el fin en la confianza que teníamos al principio" (Heb 3, 8-14)

"Si de veras eres Hijo de Dios, tírate abajo; porque la Escritura dice: Dios mandará sus ángeles... Jesús le contestó: También dice la Escritura: No pongas a prueba al Señor tu Dios" (Mt 4, 6-7 y Lc 4,12).

"Os exhortamos a que deis pruebas de no haber recibido en vano la gracia de Dios, pues dice él en la Escritura: <en el tiempo propicio te escuché y te ayudé en el día de la salvación> Ahora es el tiempo propicio, ahora es el tiempo de la salvación" (2ª Cor 6, 1-3)

3. ¿Nos prueba el diablo?:

"Luego el Espíritu llevó a Jesús al desierto, para que el diablo lo pusiera a prueba. Estuvo cuarenta días...Entonces el diablo se apartó de Jesús, y unos ángeles acudieron a servirle" (Mt 4, 1-1)

"Jesús, lleno del Espíritu Santo, volvió del Jordán, y el Espíritu lo llevó al desierto. Allí estuvo cuarenta días, y el diablo lo puso a prueba... Cuando ya el diablo no encontró otra forma de poner a prueba a Jesús, se alejó de él por algún tiempo" (Lc 4, 1-13)

He aquí el famoso sorites del diablo a Santa Teresa: "El diablo le dijo: Teresa, ¿para qué llevar una vida tan sacrificada, ya que una de dos o te

vas a salvar o te vas a condenar?; si te vas a salvar... Si te vas a condenar...
Ella le contestó: una de dos... si me voy a salvar estás perdiendo el tiempo
conmigo; y si me voy a condenar, también, porque ya me tienes segura.
¡Vete a otra!"

*"No quiero hermanos que olviden que nuestros antepasados estuvieron todos bajo
aquella nube, y que todos atravesaron el mar Rojo...Sin embargo, la mayoría de
ellos no agradó a Dios, y por eso sus cuerpos quedaron tendidos en el desierto.
Todo esto sucedió como un ejemplo para nosotros...Así pues, el que cree estar
firme, tenga cuidado de no caer. Ustedes no han pasado por ninguna prueba
que no sea humanamente soportable. Y pueden ustedes confiar en Dios, que no
los dejará sufrir pruebas más duras de lo que puedan soportar. Por el contrario,
cuando llegue la prueba, Dios les dará también la manera de salir de ella, para
que puedan soportarla. Por eso, mis queridos hermanos, huyan de la idolatría..."*
(1ª Cor 10, 1-14).

*"Hermanos, si ven que alguien ha caído en algún pecado, ustedes que son
espirituales deben ayudarlo a corregirse. Pero háganlo amablemente. Y que cada
cual tenga mucho cuidado, no suceda que él también sea puesto a prueba. Ayúdense
entre sí a soportar las cargas, y de esa manera cumplirían la ley de Dios. Si alguien
se cree ser algo, cuando no es nada, a sí mismo se engaña... Pues cada uno tiene
que llevar su propia carga"* *(Gál 6, 1-5)* Carga = la pesada lucha de la vida
y la debilidad humana que nos expone a la tentación.

4. La gran prueba de Dios a Abraham:

*"Por fe, Abraham, cuando Dios lo puso a prueba, tomó a Isaac para ofrecerlo
en sacrificio. Estaba dispuesto a ofrecerle su único hijo, a pesar de que Dios le
había prometido: <Por medio de Isaac tendrás descendientes>. Es que Abraham
reconocía que Dios tiene poder hasta para resucitar a los muertos. Y por eso
Abraham recobró a su hijo, y así vino a ser un símbolo"* *(Heb 11, 17-19).*

Los judíos prueban a Pablo:

*"Todo el tiempo he estado en medio de ustedes sirviendo al Señor con toda
humildad, con muchas lágrimas y en medio de muchas pruebas que me vinieron
por lo que me querían hacer los judíos. Pero no dejé de anunciarles a ustedes nada*

de lo que era para su bien, enseñándoles públicamente y en sus casas" (Hech 20, 19-20).

"Como ya saben, cuando primero les prediqué el Evangelio lo hice debido a una enfermedad que sufría. Y esa enfermedad fue una prueba para ustedes, que no me despreciaron ni me rechazaron a causa de ella, sino que, al contrario, me recibieron como a un ángel de Dios, ¡como si se tratara del mismo Cristo Jesús!" (Gál 4, 13-14)

Por eso yo les doy un Reino, como mi Padre me lo dio a mí, y ustedes comerán…

5. Consejos para aprovechar las pruebas

"La semilla que cayó entre las piedras representa a los que oyen el mensaje y lo reciben con gusto, pero no tienen suficiente raíz; creen por algún tiempo, pero a la hora de la prueba fallan" (Lc 8, 13)

"Dijo Jesús a los Doce en la última cena: Ustedes han estado siempre conmigo en mis pruebas y beberán a mi mesa en mi Reino, y se sentarán en tronos para juzgar a las doce tribus de Israel" (Lc 22, 28-30) Cf Dan 7.9-14

"Todos los que por causa mía hayan dejado casa, o hermanos, o hermanas, o padre o madre, o hijos o terrenos recibirán cien veces más, y también recibirán la vida eterna. Pero muchos que ahora son los primeros, serán los últimos; y muchos que ahora son los últimos, serán los primeros" (Mt 19, 29-30)

*"Si alguno… no presta atención a las saludables palabras de nuestro Señor Jesucristo y a la doctrina que se ajusta a la piedad, es un orgulloso que no sabe nada, que desvaría en disputas y vanidades, de donde nacen envidias, contiendas, blasfemias, suspicacias, porfías de hombres de inteligencia corrompida y privados de la verdad, que tienen la piedad por materia de lucro. Y claro está que la religión es una fuente de gran riqueza, pero sólo para quien se contenta con lo que tiene. Porque nada trajimos a este mundo, y nada podremos llevarnos. Si tenemos qué comer y con qué vestirnos, ya nos podemos dar por satisfechos. En cambio, los que quieren **hacerse ricos** caen en la tentación como en una trampa, y se ven asaltados por muchos deseos insensatos y perjudiciales, que hunden a los hombres en la ruina y la condenación. Porque el amor al dinero es raíz de toda clase de males. Y hay,*

quienes por codicia, se han desviado de la fe y se han causado terribles sufrimientos" (1ª Tim 6, 3-10)

"Hermanos míos, ustedes deben tenerse por muy dichosos cuando se vean sometidos a pruebas de toda clase. Pues ya saben que cuando su fe es puesta a prueba, ustedes aprenden a soportar con fortaleza el sufrimiento. Pero procuren que esa fortaleza los lleve a la perfección, a la madurez plena, sin que les falte nada" (Sant 1, 2-4)

"Dichoso el hombre que soporta la prueba con fortaleza, porque al salir aprobado, recibirá como premio la vida, que es la corona que Dios tiene prometida a los que lo aman" (Sant 1, 12).

"... aun cuando sea necesario que por un poco de tiempo pasen ustedes por muchas pruebas. Porque la fe de ustedes es como el oro; su calidad debe ser probada por medio del fuego. La fe que resiste la prueba, vale mucho más que el oro, el cual se puede destruir. De manera que la fe de ustedes, al ser probada, merece aprobación, gloria y honor cuando Jesucristo aparezca" (1ª Ped 1, 6-7)

"El Señor sabe librar de la prueba a los que viven entregados a él" (2ª Ped, 2,9).

"Has cumplido mi mandamiento de ser constante, y por eso yo te protegeré en la hora de la prueba que va a venir sobre el mundo entero para poner a prueba a todos los que viven en la tierra. Vengo pronto. Conserva lo que tienes, para que nadie te arrebate tu premio" (Apoc 3, 10-11)

"Yo reprendo y corrijo a cuantos amo. ¡Ánimo, pues, y arrepiéntete! Mira que estoy a la puerta y llamo; si alguno escucha mi voz y me abre la puerta (de su corazón) entraré en su casa, cenaré con él y él conmigo" (Ap 3, 19-20)

"De Dios nadie se burla. Lo que cada uno siembre, eso cosechará. El que siembre en su carne, de la carne cosechará corrupción; el que siembre en el Espíritu, del Espíritu cosechará vida eterna" (Gál 6, 7b-8)

"Os exhortamos a que deis pruebas de no haber recibido en vano la gracia de Dios, pues dice él en la Escritura: En el tiempo propicio te escuché, y te ayudé en el día de la salvación. Ahora es el tiempo propicio, ahora es el día de la salvación" (2ª Cor 6, 1-3)

"También nos gloriamos de los sufrimientos, porque sabemos que el sufrimiento nos da firmeza para soportar; y esta firmeza nos permite salir aprobados; y el salir aprobados nos llena de esperanza. Y esta esperanza no nos defrauda" Rom 5, 3-7)

"Ustedes deben tenerse por muy dichosos cuando se vean sometidos a pruebas de toda clase. Pues ya saben que cuando su fe es puesta a prueba, ustedes aprenden a soportar con fortaleza el sufrimiento. Pero procuren que esa fortaleza los lleve a la perfección, a la madurez plena, sin que les falte nada" (Sant 1. 2-4)

6. Hay pruebas que no son de Dios: *"Dichoso el hombre que soporta la prueba con fortaleza, porque al salir aprobado recibirá como premio la vida, que es la corona que Dios ha prometido a los que lo aman. Cuando uno se sienta tentado a hacer lo malo, no piense que es tentado por Dios, porque Dios ni siente la tentación de hacer lo malo, ni tienta a nadie para que lo haga. Al contrario, uno es tentado por sus propios deseos, que lo traen y lo seducen. De estos malos deseos nace el pecado; y del pecado, cuando llega a su completo desarrollo, nace la muerte" (Sant. 1, 12-15)*

"Por la fe que ustedes tienen en Dios, él los protege con su poder para que alcancen la salvación que tiene preparada, la cual dará a conocer en los tiempos últimos. Por esta razón están ustedes llenos de alegría, aun cuando sea necesario que durante un poco de tiempo pasen por muchas pruebas. Porque la fe de ustedes es como el oro: su calidad debe ser probada por medio del fuego. La fe que resiste la prueba vale mucho más que el oro, el cual se puede destruir. De manera que la fe de ustedes al ser así probada, merecerá aprobación, gloria y honor cuando Jesucristo aparezca" (1ª Ped 1, 5-7)

"No se extrañen de verse sometidos al fuego de la prueba, como si fuera algo extraordinario. Al contrario, alégrense de tener parte en los sufrimientos de Cristo, para que también se llenen de alegría cuando su gloria se manifieste. Dichosos ustedes si alguien los insulta…si sufre por ser cristiano, no debe avergonzarse, sino alabar a Dios por llevar ese nombre" (1ª Ped 4, 12-16)

7. ¿Tentación o prueba?:

"No nos dejes caer en la tentación, sino líbranos del maligno" (Mt 6,13*).

"(Dijo Jesús a los que llevó a orar en el Huerto): ¿Ni siquiera una hora pudieron ustedes mantenerse despiertos conmigo? Manténganse despiertos y oren, para que no caigan en tentación. Ustedes tienen buena voluntad, pero son débiles" (Mt 26,41).

"El que cree estar firme, tenga cuidado de no caer. Ustedes no han pasado por ninguna prueba que no sea humanamente soportable. Y pueden ustedes confiar en Dios, que no les dejará sufrir pruebas más duras de lo que pueden soportar. Por el contrario, cuando llegue la prueba, Dios les dará también la manera de salir de ella, para que puedan soportarla" (1ª Cor10, 13).

"Luego el Espíritu llevó a Jesús al desierto, para que el diablo lo pusiera a prueba..." (Mt 4, 1-11).

"Los fariseos y los saduceos fueron a ver a Jesús, y para tenderle una trampa, le pidieron que hiciera alguna señal milagrosa que probara que él venía de parte de Dios" (Mt 16,1 y Lc 11,16).

"¿Qué debemos hacer para realizar las obras que Dios quiere que hagamos? Jesús les contestó: **La única obra que Dios quiere es que crean en aquel que Él ha enviado**. *Le preguntaron entonces: ¿qué señal puedes darnos, para que al verla te creamos? ¿Cuáles son tus obras?. Nuestros antepasado comieron el maná...Yo soy el pan que da vida. El que viene a mí, nunca tendrá hambre... Los judíos comenzaron a murmurar... ¿no es este el hijo de José?... ¿Cómo puede este darnos a comer su propia carne?... Al oír esta enseñanza, muchos de los que seguían a Jesús dijeron: Esto que dice es muy difícil de aceptar; ¿quién puede hacerle caso?... Desde entonces, muchos de los que habían seguido a Jesús lo dejaron, y ya no andaban con él. Jesús les preguntó a los doce discípulos: ¿también ustedes quieren irse? Simón Pedro le contestó:... ¿No los he escogido yo a ustedes Doce? Sin embargo, uno de ustedes es un diablo..." (Juan 6, 28-71)*

"Estimen como la mayor felicidad el tener que soportar diversas pruebas. Ya saben que al ser probada nuestra fe, aprendemos a ser constantes... Feliz el hombre que soporta pacientemente la prueba, porque después de probado recibirá la corona de vida que el Señor prometió a los que le aman (los que superan las pruebas). Que ninguno diga cuando es tentado <de Dios me viene esta tentación>. Porque Dios... no tienta a nadie. Para cada uno la tentación proviene de sus malos deseos, (de su concupiscencia), que lo arrastran y seducen. En el seno del deseo comienza el pecado y toma cuerpo. Y el pecado, una vez consumado, engendra la muerte" (Sant, 1, 1-15)

Toda tentación es prueba, pero toda prueba no es tentación (hay enfermedades, terremotos, difamaciones…).

Calasanz decía que si recibimos como venido de la mano de Dios todo lo que nos ocurre (bueno y malo), nuestra vida se convierte en "culto". Y en los Prefacios se nos dice: es justo, es necesario, es nuestro deber y salvación, darte gracias, <u>siempre y en</u> <u>todo lugar</u> (cuando somos tentados y cuando no, en el éxito y el fracaso, la salud y la enfermedad, cuando somos aceptados y rechazados…)

PARTE III
JUEGOS BÍBLICOS

"El Señor es bueno, cariñosos, fiel, lento a la ira, rico en piedad; el Señor es misericordioso, clemente, bondadoso, sostiene a los que van a caer, endereza a los que ya se doblan"

PREÁMBULO:

El objetivo de esta tercera parte es ofrecer a catequistas, padres y educadores un material de uso múltiple, que enfrente los niños y jóvenes con la Palabra de Dios, la persona de Jesús, etc. Sobretodo pienso que puede servir para que, a la vista de lo que ofrezco, los lectores puedan encontrar sus propios "juegos", tanto porque cambian el contenido de acuerdo con sus necesidades respetando el esquema, como trasvasar a otros esquemas parte del contenido que aquí se ofrece y aprovechar la idea.

Incluso cabe escoger, una serie de citas cortas e importantes, y repetirlas en distintos juegos, para que queden firmemente grabadas en la cabeza y el corazón de los muchachos.

Por ejemplo: la "dinámica del descarte de frases" se puede hacer con más o menos frases; con temas más concretos (seguimiento de Cristo, vocacional, mariano…), mezclando los Evangelistas, usando el resto del N.T. (Hechos, Cartas, Apocalipsis) o incluso con los Salmos o todo el A.T.

También se puede emplear esta dinámica, además del descarte, para que los jóvenes comenten, por escrito u oralmente, lo que cada frase "les dice"… a qué les compromete, etc. sin descarte ninguno.

Sopa de palabras
Frases incompletas, para que ellos las completen
Verdadero o falso en las frases que se les da
Hacer uno o varios crucigramas con textos bíblicos

Geografía bíblica: Mapa mudo donde se han señalado, p.ej. cinco ciudades y ellos han de decir sus nombres en el punto exacto. Otra posibilidad es darles datos de las ciudades para que ellos las localicen en un mapa mudo.

Se le da al grupo cita/s bíblica/s y cada uno tiene que buscarla/s y copiarla/s o leerla/s en voz alta; ganando el más rápido en encontrarla, en el tiempo marcado para cada cita.

El orden en que aparecen en las Biblias los 4 evangelistas + las Cartas (para mayores)

Escribir 30 frases e ir eliminando de 5 en 5 hasta que queden las 10 últimas (se puede jugar individual o colectivamente). Señalar tiempo para que los voluntarios se levanten a borrar las 5 menos importantes…2ª ronda, 3ª…

Sudoku (en el que cada número del 1 al 9 corresponda a una frase bíblica): Se trata de llenar las casillas vacías del diagrama, pero de manera que en ninguna fila, columna ni ninguno de los nueve "cuadrados" que conforman el cuadro total del Sudoku se repita un mismo número. (En algunos periódicos aparecen **modelos de nivel fácil** como el que yo presento)

Quizás se pueda **usar la técnica antigua del "corro"**, en el que uno desafía a otro que está en un puesto más adelantado del suyo y cambia su posición si aquel al que le formula una pregunta no sabe la respuesta. También cabe que sea el profesor/monitor quien formula preguntas y si se da que unos seguidos no saben responder, el que acierta pasa delante de esos. Al final se pueden repartir 'vales' o poner nota según la posición con que cada uno ha quedado en el corro.

SUDOKU 1°

```
--------------------------------------------------
5   ★   1   6   ★   ★   4   ★   ★   (A
★   7   ★   5   4   2   ★   ★   ★
★   8   ★   ★   ★   3   ★   ★   ★
--------------------------------------------------
4   ★   ★   1   ★   ★   8   ★   ★   (B
9   ★   ★   ★   ★   ★   ★   ★   2
★   ★   3   ★   ★   6   ★   ★   9
--------------------------------------------------
★   ★   ★   4   ★   ★   ★   5   ★   (C
★   ★   ★   9   5   8   ★   7   ★
★   ★   8   ★   ★   7   6   ★   4
--------------------------------------------------
```

Este ejemplo
es de nivel FÁCIL

Equivalencias entre los nueve números y nueve posibles frases:

1: Dichoso quien reconoce al Señor y ama de corazón sus mandatos
2: Jesucristo, siendo rico, se hizo pobre, para enriquecernos con su pobreza
3: El justo reparte limosna a los pobres
4: Ningún creyente de verdad puede servir a Dios y al dinero
5: Dios proveerá a todas vuestras necesidades
6: Yo he aprendido a arreglarme en toda circunstancia
7: El que es de fiar en lo menudo también en lo importante es de fiar
8: Dios os conoce por dentro
9: Ayúdanos, Señor, a entregarnos como Tú al servicio de todos

SUDOKU 2°, DE NIVEL MEDIO:

```
==========================================A
3    *    *    6    7    1    *    *    5
*    *    8    *    *    *    7    *    *
4    *    *    *    *    *    *    *    6
==========================================B
*    1    *    3    *    8    *    2    *
*    *    2    *    *    *    5    *    *
*    5    *    4    *    2    *    6    *
==========================================C
1    *    *    *    *    *    *    *    9
*    *    4    *    *    *    6    *    *
2    *    *    1    4    7    *    *    8
==========================================
```

DINÁMICA DEL DESCARTE:

El que dirige el juego presenta un folio –a cada jugador-- con las frases bíblicas seleccionadas por él, unas 30 ó 40 ó 60 citas (frases) importantes., o bien las escribe en la pizarra.

El juego consta de tres partes, como mínimo. En la primera 'cronometrado de antemano e igual para todos los jugadores' cada jugador selecciona o descarta 5 ó 10 (lo que se acuerde), que el que juega considera menos importantes. HABRÍA QUE MARCAR EL TIEMPO DE QUE DISPONEN LOS JUGADORES en cada periodo.

En el 2° periodo se descartan 5 de las que quedan seleccionadas y a continuación otras cinco (nos quedarían YA sólo 15 de las 30 iniciales). Podríamos llegar incluso a dejar sin descartar sólo cinco.

En el 3°, se establece un diálogo en el que los que quieran explican por qué han descartado las frases que ellos han eliminado; a continuación otros o los mismos chicos explican por qué han respetado las citas que nadie ha eliminado. Pueden jugar varios a la vez, pero animando a todos a intervenir.

Si hacemos la dinámica en grupo y usamos la pizarra, van saliendo voluntariamente a descartar una frase, pero deben comentar por qué la descartan.

Cuando hayamos llegado al descarte final, se leen las que les han quedado a cada jugador; ver las coincidencias; explicar cada uno (o sólo varios) las razones por las que se han quedado con las seleccionadas (o por qué desecharon las sacadas en las sucesivas fases)

EJEMPLO 1º PARA EL DESCARTE

Evangelio de S. Lucas:

1. Este es mi hijo, el elegido; escuchadlo (Lc 9, 35b)
2. El que acoge a un niño en mi nombre me acoge a mí, y el que me acoge a mí acoge al que me ha enviado (Lc 9, 48)
3. Cuando des un banquete, invita a pobres, lisiados, cojos y ciegos; dichoso tú porque no pueden pagarte (Lc 14, 13-14)
4. Sal por los caminos y senderos e insísteles hasta que entren y se me llene la casa (Lc 14, 23)
5. Si alguno se viene conmigo y no pospone a su padre y a su madre... no puede ser discípulo mío (Lc 14, 26)
6. Quien no lleve su cruz detrás de mí no puede ser discípulo mío (Lc 14, 27)
7. Habrá más alegría en el cielo por un solo pecador que se convierta que por 99 justos que no necesiten convertirse (Lc 15, 7)
8. Los hijos de este mundo son más astutos con su gente que los hijos de la luz (Lc 16,8b)
9. Un hombre rico tenía un administrador que le engañaba —y-- el amo le alabó porque había actuado con sagacidad (Lc 16,1.8)
10. El que es de fiar en lo menudo también en lo importante es de fiar (Lc 16,10)
11. Ningún siervo puede servir a dos amos. No podéis servir a Dios y al dinero (Lc 16, 13)

12. Vosotros presumís de observantes delante de la gente, pero Dios os conoce por dentro (Lc 16,15)

13. La arrogancia con los hombres Dios la detesta (Lc 16, 14)

14. Lo que se estima mucho entre los hombres, no tiene valor alguno ante Dios (Lc 16, 15b)

15. Marta, tú te preocupas y te apuras por muchas cosas, pero sólo es necesaria una (Lc 10,41)

16. Al que me confiese delante de los hombres, el Hijo del Hombre lo confesará delante de los ángeles de Dios (Lc 12,8)

17. Es inevitable que sucedan escándalos, pero ¡ay del que los provoca!! (Lc 17,1)

18. Si tu hermano te ofende, repréndelo; si se arrepiente, perdónalo (Lc 17,3b)

19. Si tuvierais fe como un granito de mostaza, diríais a esa morera: arráncate... y os obedecería (Lc 17,6)

20. Cuando hayáis hecho todo lo mandado decid: somos unos pobres siervos, hemos hecho lo que teníamos que hacer (Lc 17, 10)

21. Jesús, maestro, ten compasión de nosotros (Lc 17,13)

22. ¿No han quedado limpios los diez leprosos? ¿No ha vuelto más que este extranjero para dar gracias? (Lc 17, 17-18)

23. El Reino de Dios no vendrá espectacularmente... el reino de Dios está dentro de vosotros (Lc 17, 20-21)

24. El que pretenda guardarse su vida la perderá; y el que la pierda (por mí) la encontrará (Lc 17, 33)

25. Jesús, para explicar a los discípulos cómo tenían que orar, siempre sin desanimarse, les puso la parábola del juez y la viuda perseverante (Lc 18,1)

26. Dos fueron a orar. El fariseo hacía esta oración: "Dios mío, te doy gracias porque no soy como el resto de los hombres: ladrones, injustos, adúlteros..." (Lc 18, 10-11)

27. Cuando se acercaba Jesús a Jericó había un ciego que le gritaba: "Jesús, Hijo de David, ten compasión de mí". Jesús le dijo: "Recobra la vista, tu fe te ha curado" (Lc 19,35-43)

28. No hay árbol bueno que dé fruto malo, ni árbol malo que dé fruto bueno. Cada árbol se conoce por sus frutos (Lc 6,43)

29. El hijo del Hombre ha venido a buscar y a salvar lo que estaba perdido (Lc 19,10)

30. Al que tiene se le dará, pero al que no tiene se le quitará hasta lo que tiene (Lc 19,26)

EJEMPLO 2º PARA EL DESCARTE

Evangelio de Mateo:

1. Dichosos los pobres en el espíritu, porque de ellos es el reino de los cielos (Mt 5,3)
2. Un hombre dejó a sus empleados: a uno dio 5 talentos, a otro 2, a otro 1; a cada cual según su capacidad. Al regresar el 1º devolvió 10; el 2º cuatro y el 3º sólo 1 (Mt 25, 14-30)
3. A los pobres los tendréis siempre con vosotros, pero a mí no me tendréis siempre (Mt 26, 11)
4. Durante la Cena Pascual Jesús tomó pan, lo bendijo, lo partió y lo dio a sus discípulos, diciendo: "tomad y comed, esto es mi cuerpo" (Mt 26,26)
5. Todos vais a fallar por mi causa esta noche, pues así lo dice la Escritura: *heriré al Pastor y se dispersarán las ovejas* (Zac 13,7). Pero después de resucitar iré delante de vosotros (Mt 26, 31-32)
6. ¿Conque no habéis podido velar una hora conmigo? Velad y orad para que no caigáis en tentación (Mt 26, 40b-41)
7. El espíritu está dispuesto, pero la carne es débil (Mt 26, 41b)
8. Uno de los que estaban con Jesús sacó la espada y le cortó una oreja al criado del Sumo Sacerdote. Jesús le dijo: los que manejan espada a espada morirán (Mt 26, 51-52)
9. Paseando Jesús junto al lago, vio a dos hermanos, Pedro y Andrés. Les dijo: "Seguidme y os haré pescadores de hombres". Ellos lo siguieron (Mt 4, 18-19)
10. Jesús anunciaba la Buena Noticia del Reino y curaba las enfermedades y dolencias del pueblo (Mt 4,24b)
11. Dichosos los humildes, porque heredarán la tierra… dichosos los misericordiosos, porque alcanzarán misericordia (Mt 5, 5 y 7)
12. Dichosos los que trabajan por la paz, porque serán llamados hijos de Dios. Dichosos los perseguidos por ser justos, porque de ellos es el Reino de los Cielos (Mt 5, 9-10)

13. Vosotros sois la sal de la tierra. Si la sal se desvirtúa para nada vale ya... Vosotros sois la luz del mundo... Brille vuestra luz delante de los hombres (Mt 5, 13-16)

14. No penséis que he venido a derogar la ley y los Profetas (A.T.), he venido a perfeccionarla (Mt 5, 17)

15. El que cumpla la Ley y la enseñe será tenido por grande en el Reino de los cielos (Mt 5, 19b)

16. Da a quien te pida y no vuelvas la espalda al que desea que le prestes algo (Mt 5,42)

17. Amad a vuestros enemigos y rezad por los que os persiguen, para que seáis hijos de vuestro Padre celestial (Mt 5, 44-45)

18. Al orar, no os convirtáis en charlatanes como los paganos, que se imaginan que serán escuchados por su mucha palabrería... Vuestro padre conoce lo que necesitáis antes de que vosotros se lo pidáis (Mt 6, 7-8)

19. Si vosotros perdonáis a los hombres sus ofensas, también os perdonará a vosotros vuestro Padre del cielo, pero si no perdonáis... (Mt 6, 14-15)

20. No atesoréis en la tierra... atesorad, más bien, en el cielo... porque donde está tu tesoro, allí está también tu corazón (Mt 6, 19-21)

21. No podéis servir a Dios y al dinero (Mt 6,24)

22. No os angustiéis por vuestra vida, ni por vuestro cuerpo... Mirad las aves de cielo... ¿Quién de vosotros puede añadir una sola hora al tiempo de su vida? (Mt 6, 25-34)

23. No juzguéis y no seréis juzgados, y con la medida que midáis seréis medidos ¿Cómo ves la paja en el ojo de tu hermano si no ves la viga en el tuyo (Mt 7, 1-5)

24. Pedid y se os dará; buscad y encontraréis; llamad y se os abrirá (Mt 7, 7)

25. Todo lo que queráis que hagan con vosotros los hombres, hacedlo también vosotros con ellos, porque en eso consiste la Ley y los Profetas (Mt 7, 12)

26. Entrad por la puerta estrecha, porque es ancho el camino que lleva a la perdición... y estrecho el que lleva a la vida y son pocos los que lo encuentran (Mt 7, 13-14)

27. No todo el que me dice ¡"Señor, Señor"! entrará en el reino, sino el que hace la voluntad de mi Padre (Mt 7, 21-23)

28. El que escucha mis palabras —y— las pone en práctica se parece a un hombre sensato que construyó su casa sobre roca (Mt 7, 24)
29. Jesús al oír al Centurión (romano) dijo: "Os aseguro que en Israel no he encontrado a nadie con una fe como ésta". Muchos del Oriente y del occidente vendrán y se sentarán con Abraham… pero los hijos del Reino serán echados a las tinieblas (Mt 8, 5-13)
30. Al atardecer, le trajeron muchos endemoniados: él… curó a todos los enfermos. Así se cumplió lo que había dicho el profeta Isaías: *Él tomó nuestras flaquezas y cargó con nuestras enfermedades* (Is 53,4) (Mt 8, 16-17)

EJEMPLO 3º PARA EL DESCARTE

Evangelio de Juan:

1. Yo soy el camino para la verdad y la vida (Jn 14,6a)
2. Dijo Jesús: "El mundo no os puede odiar; pero a mí me odia" (Jn 7,7a)
3. El mundo me odia, porque Yo denuncio que sus obras son malas (Jn 7,7b)
4. Acerca de Jesús había muchas opiniones. Unos decían: es un hombre bueno; otros: nada de bueno, engaña a la gente (Jn 7,12)
5. Jesús les dijo: Me conocéis, sí, y sabéis de dónde soy; pero no he venido por mi propia cuenta, sino que me ha enviado el que es veraz (Jn 7,28b)
6. Si alguien tiene sed que venga a mí; quien crea en mí que beba (Jn 7,37b)
7. Los guardias romanos dijeron: Nadie ha hablado jamás como habla este hombre. Y los fariseos les dijeron: ¿También vosotros os habéis dejado engañar? (Jn 7, 46-47)
8. Yo soy la luz del mundo: el que me siga no andará en tinieblas, sino que tendrá la luz de la vida (Jn 8, 12)
9. Yo sé de dónde vengo y adónde voy. Vosotros juzgáis con criterios mundanos; yo no juzgo a nadie (Jn 8, 14b-15)

10. Si me conocierais a mí, conoceríais también a mi Padre (Jn 8, 19b)

11. Vosotros sois de abajo, yo soy de arriba; vosotros sois de este mundo, yo no soy de este mundo (Jn 8, 23)

12. Si os mantenéis firmes en mi doctrina, sois verdaderamente discípulos míos; conoceréis la verdad y ella os hará libres (Jn 8, 31b-32)

13. Os aseguro que quien comete pecado es un esclavo, y el esclavo no vive en la casa para siempre, el hijo sí (Jn 8, 34b-35)

14. Os aseguro que el que guarda mi Palabra nunca morirá (Jn 8, 52b)

15. El que decís vosotros que es vuestro Dios, no lo conocéis. Pero yo lo conozco y guardo su Palabra (Jn 8, 54b-55b)

16. Jesús vio a un ciego de nacimiento. Sus discípulos le preguntaron: Maestro ¿quién pecó, él o sus padres, para que naciera ciego? Jesús respondió: Nació ciego para que resplandezca en él el poder de Dios (Jn 9, 1-3)

17. Unos decían: Ése no puede ser un hombre de Dios, pues curó al ciego en sábado. Otros decían: ¿Cómo puede hacer tales milagros un hombre pecador? (Jn 9, 16)

18. Llamaron por segunda vez al que había sido curado de su ceguera... No sé si es pecador o no; sólo sé que yo era ciego y ahora veo (Jn 24-25)

19. Jesús dijo: Yo he venido a este mundo para un juicio: dar la vista a los ciegos y privar de ella a los que creen ver (Jn 9, 39)

20. Os aseguro que el que entra por la puerta en el redil es el pastor de las ovejas; llama a cada una por su nombre y ellas conocen su voz (Jn 10, 1-4)

21. Yo soy en buen pastor. El buen pastor da su vida por las ovejas... conozco mis ovejas y ellas me conocen a mí... Ellas escuchan mi voz (Jn 10, 11-14)

22. Los judíos agarraron piedras para tirárselas. Jesús les replicó: He hecho entre vosotros muchas obras buenas ¿por cuál de ellas me apedreáis? (Jn 10, 31-32)

23. Jesús dijo: Lázaro, nuestro amigo, duerme. Los discípulos le replicaron: Señor, si duerme, se recuperará. Pero Jesús hablaba de su muerte y ellos creyeron que hablaba del reposo del sueño (Jn 11, 11-13)

24. Cuando María, la hermana de Lázaro, llegó donde estaba Jesús, se echó a sus pies diciendo: ¡Señor, si hubieras estado aquí mi hermano no habría muerto! Jesús, al verla llorar y que los acompañantes también lloraban, se estremeció, emocionado (Jn 11, 32-33)

25. ¡Padre, te doy gracias porque me has escuchado! Yo sé bien que siempre me escuchas (Jn 11, 41b-42)

26. Muchos de los judíos que habían venido a casa de Lázaro, y vieron la resurrección, creyeron en Jesús. Pero algunos se fueron a los fariseos y les contaron lo que había hecho Jesús (Jn 11, 45-47)

27. Este hombre hace muchos milagros ¿Qué hacemos?; si lo dejamos creerán en él todos y vendrán los romanos y destruirán nuestro templo y nación (Jn 11, 47b-48)

28. Os aseguro que si el grano de trigo que cae en la tierra no muere, queda infecundo; pero si muere, produce mucho fruto (Jn 12, 24)

29. Dijo Jesús: "Ahora estoy profundamente angustiado. Y ¿qué voy a decir? ¿Pediré al Padre que me libre de esta hora? No, pues para esto he llegado a esta hora. ¡Padre, glorifica tu nombre! (Jn 12, 27-28a)

30. Ahora es cuando va a ser juzgado este mundo; ahora el Príncipe de este mundo va a ser echado fuera (Jn 12, 31)

EJEMPLO 4º PARA EL DESCARTE

Evangelio de Marcos

1. Juan Bautista se presentó en el desierto, como está escrito en Isaías 40,3 … bautizando y predicando: "detrás de mí viene el que es más fuerte que yo" (Mc 1, 1-8)

2. Vino Jesús desde Nazaret de Galilea y fue bautizado por Juan en el Jordán… vio al Espíritu Santo como una paloma y se oyó una voz del cielo: Tú eres mi Hijo amado (Mc 1, 9-11)

3. Luego el Espíritu lo llevó al desierto. Allí estuvo durante 40 días, siendo tentado por Satanás (Mc 1, 12-13a)

4. Después de que Juan fuera encarcelado, Jesús fue a Galilea a predicar la buena noticia (el Evangelio): el Reino está cerca. Convertíos y creed en el evangelio (Mc 1, 14-15)

5. Entraron en Cafarnaún y cuando llegó el sábado Jesús se puso a enseñar... Había un poseído de un espíritu inmundo, que se puso a gritar: Sé quién eres ¿Has venido a destruirnos, Jesús? (Mc 1,21-24)

6. Se le acercó un leproso y le suplicaba: "Si quieres, puedes limpiarme". Jesús le tocó y dijo: "Queda limpio" (Mc 2,40-41)

7. Los discípulos de Juan y los fariseos estaban ayunando y le preguntaron a Jesús: ¿Por qué los tuyos no ayunan? Jesús les contestó: ¿Pueden ayunar los invitados mientras el esposo está con ellos? (Mc 2, 18-20)

8. Nadie remienda con paño nuevo un vestido viejo, pues el remiendo nuevo tiraría de lo viejo y el rasgón sería mayor (Mc 2,21)

9. El sábado ha sido hecho para el hombre y no el hombre para el sábado (Mc 2, 27)

10. Los espíritus inmundos, cuando veían a Jesús, se postraban ante él y gritaban: "¡Tú eres el Hijo de Dios!" (Mc 3, 11)

11. Los maestros de la Ley decían: ¡Tiene a Belcebú! ¡Echa a los demonios con el poder del Príncipe de los demonios! (Mc 3, 22)

12. Nadie puede entrar en la casa de una persona fuerte y arrebatarle sus cosas si antes no lo ata (Mc 3,27)

13. Os aseguro que a los hombres se les perdonarán todos los pecados y blasfemias que digan, pero quien blasfeme contra el Espíritu Santo no tendrá perdón jamás (Mc 3, 28-29)

14. ¿Quiénes son mi madre y mis hermanos?... El que hace la voluntad de Dios, ése es mi hermano, mi hermana y mi madre (Mc 3,33. 35)

15. Los sembrados entre piedras son los que oyen la Palabra y la aceptan con alegría; pero son inconstantes (Mc 4, 17)

16. Los que reciben la semilla en tierra buena son los que oyen la palabra, la aceptan y dan fruto, el treinta, el sesenta o el ciento por uno (Mc 4,20)

17. Nada hay oculto que no sea descubierto, y nada secreto que no sea puesto en claro. El que tenga oídos para oír, que oiga (Mc 4, 22-23)

18. ¡Atención a lo que oís!: con la misma medida con que midáis se os medirá y aun con creces (Mc 4, 24)

19. El Reino de Dios es como un grano de mostaza… crece y se hace la más grande entre las hortalizas (Mc 4, 30-32) No tengas miedo; tú ten fe, y basta (Mc 5, 36b)

20. Sólo en su tierra, entre sus parientes y en su casa desprecian a un profeta… Y Jesús se quedó sorprendido de su falta de fe (Mc 6, 4-6)

21. *Este pueblo me honra con los labios…* (Is 29,13)… para guardar vuestras tradiciones quebrantáis el mandamiento de Dios (Mc 7,6-9)

22. Oídme todos y entended bien: nada que entre de fuera puede manchar al hombre; lo que sale del corazón es lo que mancha (Mc 7,15)

23. Del corazón humano proceden los malos pensamientos, las fornicaciones, robos, homicidios, adulterios, avaricia, maldad, engaño, desenfreno, envidia, blasfemia, y soberbia (Mc 7,21-22)

24. Una extranjera suplicaba a Jesús que echase de su hija al demonio. Él respondió, no está bien echar el pan de los hijos a los perros. Ella dijo: es verdad, Señor… (Mc 7, 26-30)

25. ¿Tenéis embotada vuestra mente? ¿Tenéis ojos y no veis, oídos y no oís? ¿No os acordáis ya de cuando repartí cinco panes para 5000 personas? ¿Cuántos cestos recogisteis de sobras? (Mc 8, 17b-19)

26. ¿Quién dice la gente que soy yo?… Y vosotros ¿quién decís que soy? Pedro dijo: "Tú eres el Mesías" (Mc 8, 27-29)

27. Jesús comenzó a enseñarles que tenía que padecer mucho… Pedro se puso a reprenderle. Y Jesús le dijo: "¡Apártate de mí, Satanás!, tú no piensas como Dios, sino como los hombres" (Mc 8, 31- 33)

28. El que quiera venir detrás de mí, que renuncie a sí mismo, que cargue con su cruz y que me siga (Mc 8, 34)

29. El que quiera salvar su vida la perderá, pero el que pierda su vida por mí y por el evangelio la salvará. ¿De qué le sirve a uno ganar el mundo entero si pierde su vida? (Mc 8, 35-36)

30. Quien se avergüence de mí y de mis palabras… también el Hijo del hombre se avergonzará de él (Mc 8, 38)

1ª SOPA DE LETRAS: encontrar las palabras "JESÚS- ME- AMA"

C	W	A	R	Y	S	A	P
A	A	U	O	A	T	M	E
R	S	L	N	A	N	E	D
P	U	M	A	L	A	A	A
E	S	E	D	S	S	M	G
P	E	R	A	L	T	A	O
L	J	D	U	R	A	N	G
A	T	H	F	P	R	P	O

2ª SOPA DE LETRAS: encontrar TRES nombres con los que nos referimos a Jesús: Señor, Hijo, Maestro

V	W	X	R	Y	S	E	Ñ
A	A	S	O	A	T	M	M
R	M	E	N	A	N	A	D
P	E	Ñ	A	L	E	T	A
E	O	O	D	S	S	H	G
P	E	R	T	E	I	A	O
L	J	R	A	J	A	N	G
A	O	M	O	P	R	P	O

3ª SOPA DE LETRAS: hallar CINCO nombres (o Advocaciones) de la Virgen María: Aurora, Gracia, Rocío, Pilar, Moreneta.

C	W	A	R	Y	S	M	P
A	A	U	O	A	T	O	I
R	M	R	N	A	A	R	L
P	E	O	A	I	O	E	A
E	O	R	C	C	A	N	R
P	E	A	I	C	T	E	O
L	R	O	C	I	O	T	G
G	T	A	F	P	R	A	O

POSIBLES CONCURSOS, A MODO DE EJEMPLOS EN EL CONTENIDO Y EN LOS PREMIOS

1.1.- **Infantil**: escribir (estando en el aula) una oración o carta originales a Jesús (mínimo diez líneas); o bien hacer un dibujo de algo referente al Señor Jesús, que tenga cierta originalidad y, por tanto, que no sea calcado (en tamaño folio).

Dos primeros Premios: uno para el Ganador de la Oración o carta un pequeño premio y diploma; Y otro premio igual para el ganador del dibujo; y para los seis siguientes (tres de la Oración/carta y tres del dibujo): sólo diploma.

1.2.- **De 1º a 3º de Primaria**: escribir una oración a Jesús o una redacción a un amigo explicándole cómo era Jesús mientras vivió en la tierra (un folio por una cara); o bien un dibujo original referente a Jesús (tamaño folio) o un "trabajo manual" referente a Jesús, su vida o su obra, con cierta originalidad.

Tres primeros Premios, uno por categoría: uno para la mejor Oración o Redacción; otro para el mejor Dibujo Y otro para el mejor Trabajo Manual y diploma para cada uno de los tres ganadores; a los tres siguientes de cada especialidad sólo un diploma.

1.3.- **De 4º a 6º de Primaria**: Una redacción de un folio por las dos caras, como mínimo, sobre algo relacionado con la vida o la obra de Jesús; o una poesía (mínimo 15 versos); o una viñeta original referente a Jesús (mínimo dos folios por las dos caras) o "trabajo manual" original sobre Jesús, su vida o su obra.

Cuatro primeros Premios, uno por categoría: a la mejor Redacción, la mejor Poesía, la mejor Viñeta y el mejor Trabajo Manual: premio más diploma a cada uno de los cuatro; a los dos siguientes en cada categoría: sólo diploma

1.4.- Secundaria Obligatoria: Un pequeño comic original sobre la vida u obra de Jesús (mínimo cuatro folios por las dos caras u ocho carillas de cuartilla); o una poesía (mínimo 25 versos); o un Power Point original (mínimo 12 diapositivas con texto); o un vídeo (de 7 minutos como mínimo) o "trabajo manual". Las cinco cosas originales y con referencia a Jesús, su vida o su obra.

Cinco primeros Premios, uno por categoría: un libro sobre Jesús o cheque de 20,00 euros para que él escoja el libro, más diploma; a los dos siguientes en cada categoría: sólo diploma.

1.5.- Bachillerato: Una poesía o composición poética (mínimo 30 versos); o un breve comic (mínimo ocho folios por las dos caras), u obra de teatro (mínimo, diez folios por las dos caras a ordenador y espacio 1,5) con referencia a la vida de Jesús o su obra; o un Power Point (mínimo 20 diapositivas); o un vídeo (mínimo, doce minutos). Siempre, original y con referencia a Jesús, su vida o su obra.

Cinco primeros Premios, uno por categoría: Un libro o cheque de 25 euros para que él compre el libro, más diploma. A los dos siguientes en cada categoría: sólo diploma.

==

SALTO DE CABALLO:

Dos **Modelos de Saltos de caballo**

Con las letras que aparecen en cada casilla has de formar una frase, **partiendo de la casilla número 1**, hasta llegar, por sucesivos saltos de caballo de ajedrez, a **la casilla 25.**

SALTO DE CABALLO 1º

YEN	PRE	HI	Y	EN
DRE	NO	TE	EN	JO
SIEM	CRE	**TO 25**	DIOS	TRI
U	PA	FÍA	E.	EL
EL 1	S.	DIOS	NO	CON

SOLUCIÓN: el creyente en Dios confía siempre en el Dios uno y trino, Padre, Hijo, E. S. (los saltos deben coincidir con los del Esquema posterior al "2º salto".

SALTO DE CABALLO 2º

EL	Y	VI	A	MI
DRÁ	CRE	CA	LA	DA
DAD	SOY	**NA 25**	NO	EN
QUIEN	TEN	VER	E	VI
YO 1	TER	DA	MÍ	LA

SOLUCIÓN: Yo soy el camino, la verdad y la vida, quien crea en mí tendrá vida eterna. (Los 'saltos' deberán coincidir con los del Esquema, que aparece a continuación)

TÚ MISMO PUEDES CONSTRUIR OTROS "SALTOS DE CABALLO" CON ESTE ESQUEMA, siempre que elijas un pensamiento con 25 sílabas que empiece en el nº 1 y termine en el nº 25 (ESTE EJEMPLO MARCA LOS PASOS)

3	10	21	16	5
20	15	4	11	22
9	2	★★ 25	6	17
14	19	8	23	12
★★ 1	24	13	18	7

CADA OVEJA CON SU PAREJA

Coloca en el lugar que les corresponda las siguientes palabras:

Lucas, trece, Apocalipsis, Pablo, tres, dos, Santiago (o Judas), Mateo, Judas (o Santiago)

1	Primer Evangelio en las Biblias	
2	Último libro del Nuevo Testamento	
3	Apóstol que más cartas escribió	
4	¿Quién escribió Los Hechos de los Apóstoles?	
5	¿Cuántas Cartas escribió Pablo?	
6	¿Cuántas Cartas escribió Pedro?	
7	¿Cuántas Cartas escribió Juan?	
8	¿Qué otro Apóstol escribió una Carta?	
9	¿Y otro más que escribió otra Carta?	

Solución: Mateo-Apocalipsis-Pablo-Lucas-Trece-Dos-Tres-Santiago-Judas.

EJEMPLO 1º DE "VERDADERA O FALSA"

Cuando la pregunta tiene dos partes es necesario acertar ambas para calificarla como buena.

1. ¿Dónde nació Jesús y qué día celebramos su nacimiento?: Nace en Belén y lo celebramos el 25 de diciembre
2. ¿Cómo se llamaban sus padres y qué le enseñaron?:. María y Luis y le enseñaron a amar a Dios Padre
3. ¿Qué hazaña infantil vivió a los 12 años? Se quedó en el templo sin avisar a sus padres y les dio un buen susto
4. ¿Sacó Jesús algún título Universitario? Magisterio – Ninguno
5. ¿A qué edad y en qué fecha se ordena sacerdote?: No fue sacerdote
6. ¿A qué edad aproximadamente comienza su "vida pública" de predicación y milagros? A los 30 años
7. ¿Dónde y con cuántos años muere?: En el Gólgota y con 33 años aproximadamente
8. ¿Cómo se llaman los dos primeros hermanos que Jesús invitó a seguirle? Pedro y Santiago
9. ¿Qué le pidió Jesús a su Padre Dios en el Huerto de Getsemaní? "Padre, si es posible, aparta de mí este cáliz, pero no se haga mi voluntad sino la tuya"
10. Pilato, queriendo salvar a Jesús, le dijo a los Sumos Sacerdotes y autoridades del pueblo: "Es evidente que no ha hecho nada que merezca la muerte"… Pero ellos gritaban: "Mata a éste y deja en libertad a Barrabás"

RESPUESTAS CORRECTAS: 1. (V) 2 (F) 3. (V) 4. (F) 5. (V) 6. (V) 7. (V) 8. (F) 9. (V) 10 (V).

EJEMPLO 2° DE "VERDADERA O FALSA" (Para mayores):

¿DICE EL PROFETA ISAÍAS LAS PALABRAS QUE FIGURAN EN CADA NÚMERO DE LAS 10 PREGUNTAS?: SÍ, VERDADERA; NO, FALSA

1– Tú, Señor, eres nuestro Padre, tu nombre de siempre es "nuestro Redentor" (Is 63, 16b)

2– ¿Por qué nos dejaste errar, Yahveh, fuera de tus caminos? (Is 63, 17)

3– ¿Por qué el enemigo ha invadido tu santuario y no lo ha pisoteado? (Is 63, 18)

4– Nunca se oyó decir ni se escuchó a un Dios, sino a ti, que tal hiciese para el que espera en él (Is 64, 3)

5– Yahveh, no te haces el encontradizo con quienes practican justicia y recuerdan tus caminos (Is 64, 4)

6– Yahveh, tú eres nuestro padre. Nosotros la arcilla y tú nuestro alfarero (Is 64, 7)

7– Nuestra Casa santa en donde te alabaron nuestros padres no ha sido destruida (Is 64, 10)

8– No me he dejado encontrar de quienes no me buscaban (Is 65, 1)

9– Quédate ahí, no te llegues a mí que te santificaría (Is 65, 5)

10–Os llamé y no respondisteis, hablé y no oísteis, sino que hicisteis lo que me desagrada y elegisteis lo que no me gusta (Is 65, 12b).

RESPUESTA CORRECTA: 1) V; 2) V; 3) F; 4) V; 5) F; 6) V; 7) F; 8) F; 9) V; 10) V

EJEMPLO 3° DE VERDADERA - FALSA

A cada pregunta sólo cabe contestar: Verdadera o Falsa

1.-	Mateo no trae en su Evangelio la genealogía de Jesús	Verdadero Falso
2.-	Los 3 evangelios sinópticos son: Mt–Lc–Jn	Verdadero Falso
3.-	Los dos primeros Apóstoles que llamó Jesús fueron Pedro y Andrés	Verdadero Falso
4.-	Sólo Mateo trae las Bienaventuranzas	Verdadero Falso
5.-	Los judíos pensaron que Jesús venía a abolir la Ley y los Profetas	Verdadero Falso
6.-	Los tres Sinópticos recogen las palabras de Jesús sobre el divorcio	Verdadera Falsa
7.-	Mateo trae dos curaciones que los otros Evangelistas no traen	Verdadera Falsa
8.-	Atesorad en la tierra, No atesoréis en el cielo	Verdadera Falsa
9.-	Se dijo: ojo por ojo, pero yo os digo que no resistáis al mal	Verdadera Falsa
10.-	Se dijo: "amarás a tu prójimo y odiarás a tu enemigo pero yo os digo "amad a vuestros enemigos"	Verdadera Falsa
11.-	La luz del cuerpo es el ojo. Si tu ojo estuviere sano, todo tu cuerpo estará enfermo	Verdadera Falsa
12.-	No podéis servir a Dios y al dinero. No os angustiéis por vuestra vida	Verdadera Falsa

Solución: 1) V; 2) F; 3) V; 4) F; 5) V; 6) V; 7) V; 8) F; 9) V; 10) V; 11) F; 12) V.

===

EJEMPLO 4° DE "VERDADERA - FALSA":

1   Jesús se circuncidó como todo niño hebrero
2   Antes de la Era cristiana los años se contaban a partir de Adán y Eva
3   La tierra en la que ocurrieron los principales hechos contados por la Biblia fue Palestina
4   A los Discípulos de Jesús les molestaba que los niños se acercaran a Él
5   Jesús hizo su primer milagro en Caná de Galilea
6   Después de la multiplicación de los 5 panes y 2 peces, recogieron 12 canastos de sobras
7   La palabra "Evangelio" significa "milagro"
8   Los apóstoles escogidos por Jesús fueron siete
9   El río principal de Palestina es el Arnon
10 El Mar muerto es el mar donde murieron los soldados del Faraón que perseguían a Moisés y su pueblo, huidos de Egipto
11 Palestina limita al Norte con Turquía
12 Actualmente en la tierra donde vivió y murió Jesús habitan hebreos, musulmanes y cristianos
13 Los cuatro Evangelios han sido escritos por Abraham, Isaac, Jacob y Moisés
14 Jesús proclama felices a los ricos, porque pueden prestar muchas ayudas
15 La fecha de la Pascua es fija y cae siempre el 4 de abril

SOLUCIÓN: 1 (V); 2 (F): 3 (V); 4 (V); 5 (V); 6 (V); 7 (F); 8 (F); 9 (F); 10 (F); 11 (F); 12 (V); 13 (F); 14 (F); 15 (F).

==

DOS EJEMPLOS DE "QUINIELA":

A cada pregunta le acompañan dos respuestas. Debes contestar así: si crees que sólo la primera es válida, escribes un 1; si crees que sólo la segunda es válida, escribes un 2; y si crees que las dos respuestas son válidas, escribes una X.

EJEMPLO 1° DE QUINIELA (Génesis cap° 22)

1. Dios puso a prueba a Abrahán llamándole – y él respondió: "Aquí me tienes"
2. Toma a tu hijo único, Isaac – y vete a Galilea y ofrécemelo allí
3. Abrahán levantó un altar – y no puso a su hijo sobre el altar
4. Entonces Abrahán tomó el cuchillo – y el ángel le gritó desde el cielo
5. El ángel le ordenó: cumple lo que se te pidió – y Abrahán no sacrificó a su hijo
6. El ángel le dijo: Ahora sé que no te has reservado a tu hijo – y Abrahán levantó los ojos y vio un carnero
7. El hijo, Isaac, tomó el carnero – y Abrahán lo ofreció en Sacrificio en lugar del hijo
8. El ángel volvió a gritar a Abrahán: Por haber hecho esto, por no haberte reservado a tu hijo único te bendeciré – pero no multiplicaré tu descendencia
9. El ángel continuó: Tus descendientes no conquistarán las ciudades enemigas – pero todos los pueblos del mundo se bendecirán con tu descendencia

Solución: (1): **X**; (2): **1**; (3): **1**; (4): **X**; (5): **2**; (6): **X**; (7): **2**; (8): **1**; (9): **2**

EJEMPLO 2° DE QUINIELA (Levítico, cap° 11)

1.- Yahveh habló a Moisés y Aarón – diciéndoles: podréis comer de entre todos los animales terrestres.

2.- De entre todos los animales que viven en el agua podréis comer – los que tienen aletas y escamas.

3.- Tendréis como animales abominables a los que carecen de aletas y escamas – pero no los que viven en los ríos.

4.- Yahveh les señaló un grupo de aves que no podían comer - pero la gaviota y el gavilán sí podían ser comidos.

5.- De entre los bichos pequeños que andan arrastrándose señaló Yahveh el cocodrilo como impuro – y la salamandra también.

6.- Todos los bichos señalados serán impuros –y todo el que toque su cadáver quedará impuro.

7.- Quedará impuro cualquier objeto sobre el que caiga un cadáver de animal impuro -- aunque sea un vestido.

8.- Si cae uno de estos cadáveres sobre una vasija de barro queda impura -- pero el que beba de ella no queda impuro.

9.- Cuando muera uno de esos animales de los que sí podéis comer – el que toque su cadáver quedará impuro hasta la tarde

Solución: (1): 1; (2): X; (3): 1; (4): 1; (5): X; (6): X; (7): X; (8): 1; (9): X

FRASES A LAS QUE HAY QUE AGRUPAR POR TEMAS

1. No fue la observancia de la Ley, sino la justificación obtenida por la fe, la que supuso, para Abrahán y su descendencia, la promesa de heredar el mundo (Romanos 4, 13)
2. Como todo depende de la fe, todo es gracia (don) (Rom 4, 16)
3. La promesa está asegurada poque nace de la fe de Abrahán (Rom 4, 16)
4. Al encontrarse con el Dios que da vida a los muertos y llama a la existencia lo que no existe, Abrahán creyó (Rom 4, 17)
5. Abrahán, apoyado en la esperanza, creyó, contra toda esperanza... por lo cual le valió la justificación (Rom 4,18)
6. Abrahán, ante la promesa de Dios, no dudó ni desconfió, sino que se reafirmó en la fe, dando gloria a Dios, convencido de que Él cumple lo prometido (Rom 4, 20-21)
7. También nosotros alcanzaremos la salvación si creemos en Aquel que resucitó a Jesús de entre los muertos (Rom 4, 24)
8. Justificados por la fe, estamos en paz con Dios por N.S. Jesucristo (Rom 5, 1)
9. A Jesucristo debemos este estado de gracia en que nos mantenemos firmes y nos alegramos con la esperanza de alcanzar la gloria de Dios (Rom 5, 2)
10. Los sufrimientos producen la paciencia, ésta consolida la fidelidad y la fidelidad produce la esperanza, que no nos defrauda (Rom 5, 3-5)
11. Dios mostró su amor para con nosotros en que, siendo nosotros pecadores, Cristo murió por nosotros (Rom 5, 8)
12. Como el delito de Adán trajo la condenación a todos, la justicia de Cristo trae a todos la justificación que da la Vida (Rom 5, 18)

13. ¿No sabéis que por el Bautismo hemos muerto (al pecado) con Cristo, para que así como Él resucitó, nosotros caminemos en Vida Nueva? (Rom 6, 3)
14. Creemos que si morimos con Cristo, también viviremos con él (Rom 6, 8)
15. Consideraos muertos al pecado, pero vivos para Dios en unión con Cristo Jesús (Rom 6, 11)
16. Entregaos a Dios como lo que sois: muertos que han vuelto a la vida (Rom 6, 13)

SOLUCIÓN: Como hay algunas citas que podrían ser encajadas en varios temas, sería necesario marcarles, previamente, a los jugadores cuatro o cinco temas, p. ej.: fe, esperanza, amor, resurrección, pecado/perdón... Sería bueno que cada jugador explicara por qué ha agrupado las frases en cada tema de los acordados; o si le ha quedado alguna frase para la que no ha encontrado encaje.

CUESTIONARIO 1º PARA ESCOGER ENTRE LAS PLURI-RESPUESTAS:

1. ¿Dónde hizo Jesús su primer milagro?
   En Nazaret
   En Galilea
   En Caná

2. Comenzó en Nazaret, pero ¿dónde terminó?
   En Jerusalén
   En Cafarnaún
   En Betania

3. ¿Cuál es el momento más importante de la vida de Jesús?
   Su bautizo en el Jordán
   Su transfiguración
   Su resurrección

4. ¿Qué son los Hechos de los Apóstoles?
   Un libro del A.T.
   Un libro del N.T.
   Un biografía de Jesucristo

5. ¿En qué país nació Jesús?
   Galilea
   Israel
   Palestina

6. En su predicación hay dos ideas que son las más importantes: ¿cuáles son?
   No he venido a condenar, sino a salvar
   Toda la Ley y los Profetas se resumen en amar a Dios y amar al prójimo
   Yo doy mi vida por todos

7. ¿Perteneció Jesús a algún grupo?
   Al Grupo de los maestros de la Ley
   A los Discípulos de Juan Bautista
   A ningún grupo

8. ¿Quién dijo a María: "Tendrás un hijo que llamarás Jesús"
   Su esposo José
   El Sumo Sacerdote
   El ángel Gabriel

RESPUESTAS: 1) Caná; 2) Jerusalén; 3) su Resurrección; 4) Libro del N.T.; 5) Palestina; 6) Toda la Ley…. Y Yo doy mi vida… 7) Ninguno; 8) Ángel Gabriel.

CUESTIONARIO 2º de plurirrespuestas

1. ¿En qué provincia de Palestina nace Jesús?
   Judea
   Samaria
   Galilea

2. Juan Bautista bautizó a Jesús ¿Quién mandó asesinar a Juan?
    El Emperador de Roma
    El Rey Herodes
    El Gobernador romano Poncio Pilato

3. Jesús lloró por Lázaro muerto, pero le resucitó ¿por qué?
    Era un personaje importante
    Jesús era amigo de su familia
    Para manifestar el poder de Dios sobre la muerte

4. Según el Evangelio ¿quién es grande en el Reino de los cielos?
    Quien se hace en el corazón como niño
    El que da muchas limosnas
    Quien sabe hacer milagros

5. ¿Cuál fue el primer milagro de Jesús?
    La multiplicación de los panes y los peces
    La transformación del agua en vino en la Boda de Caná
    La curación del ciego de nacimiento

6. ¿A qué lugar se retiró Jesús a orar antes de su condena a muerte?
    Al lago de Genesaret
    A Belén
    A Getsemaní

7. ¿Quiénes ejecutaron la condena a muerte de Jesús?
    Los soldados romanos
    Los guardias del templo
    Los fariseos

8. ¿Quién descubrió el primero que Jesús no estaba en la tumba donde fue sepultado?
    Pedro
    María Magdalena
    José de Arimatea

Respuestas correctas del cuestionario 2º: 1) A; 2) B; 3) C; 4) A; 5) B; 6) C; 7) A; y 8) B.

EVALUACIÓN: DE 6 A 8 ACIERTOS: ¡Enhorabuena! Conoces muy bien el Evangelio; DE 3 A 5 ACIERTOS: Todavía te falte un pequeño esfuerzo para conocerlo bien; HASTA 2 ACIERTOS: Conoces poco el Evangelio… o quizás eres aún demasiado pequeño. Pero ¡no te preocupes, nunca es demasiado tarde para aprender! ¡Ánimo!

PARA SABER SI CONOCES GEOGRÁFICAMENTE LA PALESTINA DE JESÚS

EJEMPLO 1º: (verdadero o falso)

1. Judea está al norte de Palestina
2. Belén está en el Sur-Este
3. El Mar Muerto está en el Nor-Oeste
4. Jerusalén está más al Sur que Belén
5. Palestina limita al Este con el Mediterráneo
6. Betania está entre Belén y Jerusalén
7. El Mar o Lago de Galilea está en el Sur-Este
8. Genesaret está junto al Mar Muerto
9. El Monte Carmelo está junto al Monte Tabor
10. Nazaret está entre el Monte Tabor y el Monte Carmelo

RESPUESTAS: 1) F; 2) V; 3) F; 4) F; 5) F; 6) V; 7) F; 8) F; 9) F; y 10) V

EJEMPLO 2º: Escribe o di qué pasajes o sucesos de los Evangelios tienen desarrollo en estos lugares:

1. ¿Qué pasaje del Evangelio te trae a la memoria Jericó?
2. ¿Y Emaús?
3. ¿Y Nazaret?
4. ¿Y Efraín?
5. ¿Y Jericó?
6. ¿Y Caná?
7. ¿Y Tiberíades?

8. ¿Y Magdala?
9. ¿Y Gaza?
10. ¿Y el Río Jordán?
11. ¿Y Betania?
12. ¿Y Belén?
13. ¿Y Jerusalén?

EJEMPLOS DE FRASES BÍBLICAS PARA COMPLETAR:

EJEMPLO 1°: del Profeta Jeremías en el cap° 7

1. Párate en la puerta de la Casa de YAHVEH... *(y proclama allí esta palabra)*
2. Mejorad vuestra conducta y obras..... *(y yo haré que os quedéis en este lugar)*
3. Esta fue la orden que di a vuestros padres.... *(Escuchad mi voz)*
4. Caminad por el camino que os mando.... *(para que os vaya bien)*
5. Pero no escucharon...... *(caminaban según sus ideas)*
6. Me daban la espalda y no *(la frente)*
7. Endurecieron la cerviz........ *(fueron peores que sus padres)*
8. Ya puedes repetirles este discurso, que no....... *(te escucharán)*
9. Aquí está la gente que no escuchó la voz del Señor....*(y no quiso escarmentar)*
10. Ojalá escuchéis hoy la voz del Señor... *(No endurezcáis vuestro corazón)*

EJEMPLO 2°: del Evangelio de San Juan en el cap° 6°

1. Mucha gente le seguía a Jesús....... *(porque veían las señales que realizaba)*
2. Jesús dice a Felipe ¿dónde vamos a comprar panes para que coman éstos......*(se lo decía para probarle)*
3. Felipe le contestó: 200 denarios de pan no bastan.... *(para que cada uno tome un poco)*
4. Aquí hay un muchacho que tiene 5 panes y 2 peces....*(Haced que se recueste la gente)*

5. Sólo los hombres eran……. *(uno cinco mil)*

6. Tomó Jesús los panes y después de dar gracias…. *(los repartió entre los recostados)*

7. Cuando se saciaron, dice a los discípulos……*(recoged los trozos sobrantes)*

8. Los recogieron, y llenaron….. *(12 canastos con los trozos de los cinco panes)*

9. Al ver la gente el milagro decía…. *(Este es el profeta que iba a venir al mundo)*

10. Dándose cuenta Jesús de que iban a hacerle Rey…*(huyó al monte él solo)*

PARA LA BARRA (PREGUNTAS DE HOMEROUND)

En estas nueve casillas, coloca los nueve primeros números (del 1 al 9) sin repetir ninguno, pero de tal manera que la suma de cada columna, fila o diagonal dé siempre el mismo resultado. Y después copia o lee las nueve primeras frases del Primer juego del Folleto.

SOLUCIÓN: 2-9-4; 7-5-3; 6-1-8

CONCURSO DE MEMORIA SOBRE FRASES BÍBLICAS

Se puede hacer sobre 10 ó 20 ó 30 de las frases que presento u otras que vosotros busquéis, más apropiadas para los jugadores que tengáis. Ganará el concurso quien repita más frases, una vez que todos hayan repetido las que lograron memorizar, en el tiempo que les señaló. Posteriormente sería formativo, p. ej. que todos los concursantes explicaran algunas de las frases, o las buscaran en la Biblia para completarlas.

EJEMPLO 1° (del libro DE LA SABIDURÍA)

1. Amad la justicia (Sab 1,1)
2. Pensad rectamente del Señor (Sab 1,1b)
3. Buscad al Señor con sencillez de corazón (Sab 1,1c)
4. El Señor se manifiesta a quienes no desconfían de Él (Sab 1,2b)
5. Los pensamientos tortuosos apartan de Dios (Sab 1,3a)
6. En alma fraudulenta no entra la Sabiduría (Sab 1,4a)
7. El Espíritu Santo que nos educa huye del engaño (Sab 1,5a)
8. El Espíritu del Señor llena la tierra (Sab 1,7a)
9. El Espíritu del Señor todo lo mantiene unido (Sab 1, 7b)
10. Guardaos de murmuraciones inútiles (Sab 1,11a)

EJEMPLO 2° (del cap° 3 del libro de PROVERBIOS)

1. Hijo mío no olvides mi ejemplo (3,1a)
2. En tu corazón guarda mis mandados (3,1b)
3. La piedad y la lealtad no te abandonen (3,3)
4. Confía en Yahveh de todo corazón (3,5)

5. Reconoce a Yahveh en todos tus caminos (3,6)
6. Teme a Yahveh y apártate del mal (3,7b)
7. No desdeñes la instrucción de Yahveh (3,11a)
8. Yahve reprende a quien Él ama, como un padre al hijo querido (3, 12)
9. Dichoso el hombre que alcanza la prudencia (3,13b)
10. Los caminos de Yahveh son caminos de dulzura (3,17ª)
11. Hijo mío, guarda la prudencia y la reflexión (3, 21ª)
12. Yahveh será tu tranquilidad (3,26a)
13. No niegues un favor a quien es debido (3,27a)
14. No trames mal contra tu prójimo (3,29a)
15. No te querelles contra nadie sin motivo (3,30a)
16. No envidies al hombre violento (3,31a)
17. Yahveh tiene intimidad con los rectos (3,32b)
18. Yahvej bendice la mansión del justo (3,33b)
19. Yahveh otorga su favor a los pobres (3,34b)
20. La gloria es patrimonio de los sabios (3,35a)

EJEMPLO 3º (del Evangelio de S. Lucas)

1. Jesús se afirmó en su voluntad de ir a Jerusalén (Lc 9,51b)
2. Mientras iban caminando uno le dijo: 'Te seguiré adondequiera que vayas' (Lc 9,57)
3. Jesús dijo: el Hijo del hombre no tiene ni donde reclinar la cabeza (Lc 9,58b)
4. A otro le dijo: 'sígueme'; el respondió: 'déjame ir a enterrar a mi padre' (Lc 9,59)
5. Nadie que pone la mano en el arado y mira atrás es apto para el Reino (Lc 9,62)
6. Designó Jesús a 72 y los envió de dos en dos delante de Él (Lc 10,1)
7. La mies es mucha y los obreros pocos. Rogad al Dueño de la mies (Lc 10,2)
8. Mirad que os envío como corderos en medio de lobos (Lc 10,3)

9. En la casa que entréis decir primero: 'Paz a esta casa' (Lc 10,5)

10. En la ciudad que entréis y os reciban, curad los enfermos que haya (Lc 10,8)

11. Quien a vosotros os escucha, a mí me escucha (Lc 10,16)

12. Señor, hasta los demonios se nos someten en tu nombre (Lc 10,17)

13. Alegraos de que vuestros nombres estén escritos en los cielos (Lc 10,20)

14. Yo te bendigo, Padre, porque has revelado estas cosas a los pequeños (Lc 10,21)

15. Nadie conoce quién es el Hijo sino el Padre (Lc 10,22)

16. Muchos quisieron ver lo que vosotros veis, pero no lo vieron (Lc 10,24)

17. Amarás al Señor tu Dios con todo tu corazón, con toda tu alma (Lc 10,27)

18. ¿Quién fue prójimo del herido por los salteadores? Haz tú lo mismo (Lc 10,36)

19. El Señor dijo a Marta: María ha elegido la parte mejor (Lc 10,41-42)

20. Señor, enséñanos a orar como enseñó Juan a sus discípulos (Lc 11,1)

21. Perdónanos nuestros pecados, porque también nosotros perdonamos (Lc 11,4)

22. NO nos dejes caer en tentación (Lc 11,4b)

23. No me molestas, la puerta está ya cerrada y estamos acostados (Lc 11,5-7)

24. Pedid y se os dará, buscad y encontraréis; llamad y se os abrirá (Lc 11,9)

25. Algunos dijeron: Jesús expulsa los demonios por Beelzebul (Lc 11,15)

26. Si por el dedo de Dios expulso Yo los demonios, ha llegado el Reino (Lc 11,19)

27. El que no está conmigo, está contra mí (Lc 11,23)

28. Dichoso el seno que te llevó y los pechos que te criaron (Lc 11,27)

29. La lámpara de tu cuerpo es tu ojo; cuando está sano, tu cuerpo lo está (Lc 11,34)
30. ¡Ay de vosotros, fariseos, que amáis el primer asiento! (Lc 11,43)

★★★★★★★★★★★★★★★★★★★★★★★★★

Página de interés para la pastoral bíblica

http://www.ctv.es/USERS/cbiblia/recursos.htm

==

Printed in the United States
By Bookmasters